ANNE WARRLICH

Meine Zwerg-
kaninchen

RUND UM DAS TIER · GUT VERSORGT · NATÜRLICH GESUND · SPIEL & SPASS · VERHALTEN VERSTEHEN

KOSMOS

ZDF Praxis
Stichwort Juni
Maus

Wir leben heute in einer stark technisierten Welt und verlieren immer mehr den Bezug zu unserer Umwelt. In vielen Menschen wächst deshalb der Wunsch, sich ein Stückchen Natur ins Haus zu holen. Ein Kaninchen kann so manchem diesen Wunsch erfüllen. Es ist ein sanfter Hausgenosse für groß und klein, der nicht schwer zu halten ist und auch das Kuschel- und Schmusebedürfnis befriedigt.

RUND UM DAS TIER

GUT VERSORGT

NATÜRLICH GESUND

SPIEL & SPASS

VERHALTEN VERSTEHEN

Seit Jahrmillionen auf der Erde

Faszination Zwergkaninchen

Dufte Nachrichten

Der Geruchssinn ist bei Kaninchen von allen Sinnen am besten entwickelt. Über Duftmarken, die über After- und Kinndrüsen oder über den Urin verteilt werden, können sich Kaninchen richtiggehend miteinander unterhalten. Beim Deckakt bespritzt der Rammler die Häsin mit Urin. Mit seinem „persönlichen Parfüm" macht er seine Besitzansprüche klar und teilt Konkurrenten mit: „Finger weg von meiner Frau!"

Rundumblick

Kaninchenaugen befinden sich seitlich am Kopf. Dies ermöglicht den Tieren einen „Rundumblick". Sie können also, ohne sich umzudrehen, auch von hinten nahende Feinde wahrnehmen. Im Nahbereich sehen Sie dafür nicht sehr gut und können auch Entfernungen nur schlecht abschätzen.

Ganz schön fruchtbar

Kaninchen vermehren sich tatsächlich buchstäblich „wie die Karnickel". Ein Weibchen kann theoretisch 30 bis 60 Junge im Jahr bekommen. Bei großen Rassen kann die Zahl sogar noch darüber liegen.

Geburtenkontrolle

Kaninchen können zwar sehr viele Junge bekommen, doch sie sind auch in der Lage, die Koloniegröße konstant zu halten. Droht einem Kaninchenstaat die Überbevölkerung, können trächtige Weibchen die sich bereits entwickelnden Embryonen einfach wieder „einschmelzen".

Kleine Vielfraße

Die Mutter säugt ihre Jungen nur zweimal am Tag. Dabei nehmen die kleinen Kaninchen innerhalb von zwei Minuten 25 % ihres Körpergewichts an Milch auf.

Geschickte Baumeister

Wildkaninchen leben in unterirdischen Bausystemen und graben dabei bis zu 3 m tief. Sie legen komplizierte Labyrinthsysteme mit verschiedenen Haupteingängen und Fluchtwegen an, in denen die Ganglängen nicht selten bis zu 50 m betragen. In einer großen „Kaninchenburg" gibt es Platz für manchmal über 400 Kaninchen.

Kaninchen sind Rudeltiere und fühlen sich deshalb zu zweit auch viel wohler.

Geschichtliche Entwicklung

Seit dem Tertiär (vor ca. 70 bis 2 Millionen Jahren) sind die Hasenartigen in Nordamerika nachweisbar. Im Pliozän, also vor rund 7 Millionen Jahren, haben sie sich in Europa und Asien angesiedelt. In Spanien wurden Wildkaninchen von den Phöniziern entdeckt, aber noch lange nicht gezähmt. Ihre „Nutzung" durch die Menschen begann vor etwa 4000 Jahren. Die Römer hielten damals halbwilde Kaninchen in sogenannten Leporarien. Diese Tiere dienten aber wohl eher dazu, den Speiseplan etwas aufzubessern und waren wahrscheinlich weniger als Haus- und Schmusetiere gedacht.

Erst seit dem Mittelalter wurden die Wildkaninchen dann wirklich domestiziert und gezüchtet. Nach und nach verschwand durch die Zucht die bräunliche Wildfarbe, und die Tiere wurden größer und schwerer. Das war so gewünscht, denn noch immer wollte man die Kaninchen in erster Linie verspeisen.

An deutschen Fürstenhöfen wurden Kaninchen im 16. Jahrhundert beliebt. Der Züchterehrgeiz war geweckt. Die Hobbyzucht von Kaninchen kam aber erst im 19. Jahrhundert so richtig in Mode. Das Hermelin, eine Wieselart, war inzwischen fast völlig ausgerottet, denn sein Winterfell wurde von Fürsten und Königen als prunkvoller Pelzbesatz für ihre Roben gebraucht. Nun züchtete man Hermelinkaninchen, deren Fell sehr viel Ähnlichkeit mit dem Fell des Wiesels aufweist. Das Hermelinkaninchen ist ein Albino, also ein Tier

Wildkaninchen leben in Kolonien unterschiedlicher Größe zusammen.

Dieses Wildkaninchen genießt ein Sonnenbad vor seinem Bau.

die kleinen Kaninchen besonders häufig unter Zahnproblemen.

In Holland begann man in den dreißiger Jahren, Hermelinkaninchen wieder mit Wildkaninchen zu paaren. So erreichten die Züchter die heutige Vielfalt in den Farbvarianten der Zwergkaninchen.

Heutzutage gibt es über 30 verschiedene Kaninchenrassen mit ungefähr 80 Varietäten. Kaninchen werden zu den verschiedensten Zwecken gezüchtet: Angorakaninchen als Wollieferanten, besonders große Kaninchenrassen wie Chinchilla, Havanna und Flämischer Riese als Fell- und Fleischlieferanten und schließlich natürlich die Zwergkaninchen als geliebte Haus- und Schmusetiere.

Taxonomie

Im deutschen und englischen Sprachraum werden Hase und Kaninchen häufig in einen Topf geworfen, obwohl sie zu unterschiedlichen zoologischen Gruppen gehören und sich untereinander auch nicht fortpflanzen können. (siehe Kasten S. 7). Hasen und Kaninchen werden von den Zoologen zu den Leporidae, den Hasenartigen gezählt. Die Hasenartigen wurden lange den Nagetieren zugeordnet, weil sie Äste, Zweige u. a. benagen

ohne Farbpigmente mit ganz weißem Fell und roten Augen.

Aus den Hermelinkaninchen wurden in England schließlich besonders kleine Tiere gezüchtet und dann auch auf Ausstellungen gezeigt. Anfang des 20. Jahrhunderts entdeckte man, daß all die Tiere mit dem kleinen runden Kopf und den kurzen Ohren einen erblichen Zwergwuchsfaktor haben. Indem man ausschließlich diese Zwerge untereinander kreuzte, erhielt man besonders kleine, niedliche Kaninchen. Der Zwergwuchsfaktor hat aber auch seine Nachteile. So leiden und ihre Nagezähne ständig nachwachsen. Typisch für echte Nagetiere ist, daß sie ihr Futter mit den Vorderpfoten halten können. Die Hasenartigen haben diese Fähigkeit jedoch nicht, sind deshalb also auch keine Nagetiere. Dafür sind sie aber in der Lage zu gähnen und sich lang auszustrecken, was dafür den Nagern wiederum nicht möglich ist.

Obwohl Nager und Kaninchen sich in vielem ähneln, haben neuere Untersuchungen außerdem gezeigt, daß Hasenartige den Primaten entwicklungsgeschichtlich näher stehen als die Nagetiere.

Kein Kaninchen, sondern ein Feldhase.

Kaninchen oder Hase – der feine Unterschied

Kaninchen

- Kaninchen haben einen gedrungenen Körper.
- Die Ohren sind kürzer als der Kopf.
- Sie wiegen etwa 1 bis 2 kg.
- Sie leben gesellig in Kolonien zusammen.

- Die Jungtiere werden nach einer Tragzeit von etwa 30 Tagen blind, taub und nackt geboren. Kaninchen sind sog. Nesthocker.

- Kaninchen werfen 4 bis 6 mal pro Jahr 3 bis 4 Junge in einer Höhle unter der Erde.
- Sie haben 44 Chromosomen,
- Kaninchen sind domestizierbar.

Hasen

- Hasen haben einen langen, schlanken Körper.
- Die Ohren sind länger als der Kopf.
- Sie wiegen etwa 3 bis 6 kg.
- Sie leben als Einzelgänger und suchen nur zur Paarungszeit den Kontakt zu Artgenossen.
- Die Jungtiere werden nach einer Tragzeit von etwa 40 Tagen geboren. Sie können dann bereits sehen und hören und sind komplett behaart. Hasen sind sog. Nestflüchter.
- Hasen werfen 3 bis 4 mal pro Jahr 1 bis 4 Junge in einer Bodenmulde, einer sog. Sasse.
- Sie haben 46 Chromosomen.
- Hasen sind nicht domestizierbar.

7

Kaninchen in der Mythologie

Fruchtbarkeitssymbole

In vielen oft sehr alten Kulturen, Mythen und folkloristischen Überlieferungen werden Kaninchen häufig als Fruchtbarkeitssymbole gesehen. Das mag an ihrer Fähigkeit liegen, eine große Zahl von Nachkommen zu produzieren.

Schon bei den Azteken spielten Kaninchen eine große Rolle im kosmischen Verständnis. Unter den aztekischen Fruchtbarkeitsgöttern hatten „Vierhundert Kaninchen" eine große Bedeutung. Es waren kleine Götter,

unter denen sich beispielsweise auch der Gott der berauschenden Getränke (Octli) und der Gott der Trunkenheit (Tepoztecatl) befanden.

Die Azteken glaubten, die Erde sei eine Scheibe und teilten diese in vier Abschnitte auf. So war eine der Himmelsrichtungen, die südliche, „Totchli", das Kaninchen.

Im aztekischen Kalender gab es 260 Tage, die alle nach einer Kombination aus Naturereignissen, Tieren, Pflanzen und unbelebten Objekten benannt waren. So gibt es auch einen Tag „Zwei Kaninchen". Man glaubte, daß Menschen, die an diesem Tag geboren wurden, Trunkenbolde werden würden.

In der griechischen Mythologie waren Kaninchen das Symbol der Göttin Hecate. Hecate war die wichtigste Göttin, die über Zauber und Verzauberungen herrschte. Sie soll Gewalt über den Himmel und die Erde gehabt und auch für Fruchtbarkeit gestanden haben.

In ägyptischen Hieroglyphen findet man Kaninchen als Symbol des Daseins.

Auch bei den amerikanischen Naturvölkern werden die Kaninchen als mythische Tiere betrachtet. Die Indianer glaubten, daß vor dem indianischen Leben ein anderes existierte, in dem Tiere wie Menschen agierten, sprachen und lebten und schließlich die Welt in ihrer heutigen Form erschufen. Auch für sie war das Kaninchen ein Fruchtbarkeitssymbol.

Glücksbringer

Andere Kulturen sahen in den grauen Flecken des Mondes die Form eines springenden Kaninchens. In der chinesischen Astrologie ist das Kaninchen eines der

Kaum zu glauben, daß Kaninchen so vielseitig sein können...

eine Rolle als Fruchtbarkeitssymbol gespielt hatte. Dies wurde, wie vieles anderes auch, vom Christentum angepaßt. Vielleicht sogar auch um den heidnischen Völkern den Abschied von ihrem Glauben zu erleichtern.

Andere heidnische Bräuche haben sich bis heute erhalten. So sollen Ballettänzer eine Hasenpfote in der Hose tragen. Aber nicht, wie von bösen Zungen behauptet wird, um gewisse Körperteile besonders prächtig zur Geltung kommen zu lassen. Die Pfote dient als Talisman zur Bekämpfung böser Geister, oder, um es neudeutsch auszudrücken, gegen „bad vibrations".

Seit den alten Zeiten der Mythen und Sagen haben Kaninchen kaum ihre inspirierende Kraft verloren. Über die Jahrhunderte und Jahrtausende hinweg treten sie als trickreiche kleine Helfer der Unterdrückten und Schwachen in den verschiedensten Erzählungen und Überlieferungen unterschiedlichster Kulturen auf. Und auch in modernen Geschichten sowie in Film und Fernsehen kommen die sympathischen langohrigen Helden auch heute noch zu Ruhm und Ehren.

zwölf astrologischen Zeichen. Dieses astrologische Zeichen ist ein besonders glückbringendes. Diejenigen unter uns, die unter diesem Zeichen geboren sind, sollen sich die magischen Kräfte des Mondes zu eigen machen können.

Kaninchen sollen die Mittler zwischen der Menschen- und Feenwelt sein. Sie sollen die Fähigkeit haben, die Menschen in die Feenwelt zu führen. Das rührt vielleicht daher, daß sie sich in hohem Gras verstecken, plötzlich

auftauchen und wieder verschwinden und meist nur in der Dämmerung aktiv sind.

Christlich und heidnisch

Auch heute noch taucht das Kaninchen als symbolträchtiges Tier im christlichen Glauben auf. Als Osterhase wurde das Kaninchen von den Christen übernommen. Ostern, die Auferstehung Jesu Christi, fällt zeitlich mit vielen alten heidnischen Frühlings- und Fruchtbarkeitsfesten zusammen, bei denen das Kaninchen

9

Langohrige Stars

Leinwandgrößen

Bei Erwachsenen und Kindern gleichermaßen beliebt: das trickreiche und schlaue Kaninchen, das mit Witz und Pfiff den Großen zeigt, daß es im Leben nicht allein auf die Körpergröße ankommt. Bestes Beispiel ist natürlich „Bugs Bunny", der freche Trickfilmhase, der seit Jahren über den Bildschirm flimmert und so köstlich unverschämt ist.

Zu filmischen Ehren kam auch „Watership down", der Kaninchen-Klassiker von Richard Adams. In seinem Roman erfindet Adams einen richtigen Kaninchenstaat, in dem die Protagonisten z. T. aber durchaus sehr menschlich agieren. Wer dieses Buch gelesen oder den Film dazu gesehen hat, wird sein Kaninchen mit anderen Augen sehen.

Aus der amerikanischen Literatur haben viele Kaninchen-Geschichten Einzug in deutsche Kinderzimmer gehalten, meist kräftig unterstützt durch das Fernsehen. So gibt es „Alice im Wunderland" in den verschiedensten Real- und Trickfilmversionen. Auch in dieser Geschichte hat ein Kaninchen eine tragende Rolle: Es begleitet und beschützt Alice auf ihrer Reise durchs Wunderland.

Ein echter Klassiker.

Romanhelden

Auch auf dem Papier wurden Kaninchen berühmt. „The Tale of Peter Rabbit" von Beatrix Potter ist eine Kindergeschichte aus dem Jahr 1900, die dank ihrer entzückenden Illustrationen viele Herzen erobert hat und sich ungebrochener Beliebtheit erfreut. Von der gleichen Autorin, im deutschen Sprachraum allerdings weniger bekannt, gibt es noch eine zweite Kaninchengeschichte: „The Tale of Benjamin Bunny".

Aus dem deutschen Sprachraum bekannt ist die Fabel vom Hasen und vom Igel, wobei mit Hase auch durchaus ein Kaninchen gemeint sein könnte. Nur ist hier das Langohr ausnahmsweise einmal nicht der clevere Held.

In „Die Geschichten von Pooh dem Bären" erlebt ein kleiner Junge, Christopher Robin, mit seinem Teddybären Pooh und dessen Freunden allerlei Abenteuer. Bei einem Besuch in Kaninchens Höhle wird Pooh Opfer seiner Freßlust. Er futtert so viel, daß er dick und kugelrund im Kaninchenbau stecken bleibt. Nun muß Pooh natürlich warten, bis sein Bauch wieder dünner wird. Kaninchen – gar nicht dumm benutzt seine aus der Öffnung ragenden Füße währenddessen einfach als Handtuchhalter. Dies zeigt, daß die kleinen Langohren durchaus auch einen Sinn fürs Praktische haben.

Häufige Rassen und Farbschläge

Rassekaninchen

Kaninchen gibt es in allen möglichen Farben und Formen. Rassekaninchen werden von vielen Menschen als Hobby gezüchtet und dann auf Ausstellungen der Kleintierzüchter gezeigt. Diese Ausstellungen sind für den interessierten Laien eine gute Gelegenheit, sich über die vielen einzelnen Rassen und Farbvariationen zu informieren und mit Züchtern zu sprechen. In der lokalen Presse werden die Termine für diese Ausstellungen regelmäßig bekannt gegeben, man kann sie aber auch bei Züchtervereinen direkt erfragen.

Für die einzelnen Rassen gibt es festgelegte Standards.

Das sind Merkmale, die bestimmen, wie ein Idealkaninchen der jeweiligen Rasse auszusehen hat. So werden u.a. die Kopfform, der Körperbau, das Fell, die Farbe und Zeich-

nung und verschiedenes mehr bewertet und als Punktzahl ausgedrückt. Maximal können 100 Punkte erreicht werden. Die im folgenden beschriebenen Rassen sind diejenigen, die bei uns am häufigsten vorkommen.

Hermelinkaninchen

Das Hermelinkaninchen ist ein weißer Zwerg, der zwischen 0,7 und 1,5 kg wiegen darf. Das Fell soll reinweiß, ohne gelbliche oder graue Verfärbungen sein. Hermelinkaninchen gibt es mit roten und blauen Augen. Die Rotaugen-Hermeline (Bild S. 5) sind Albinos, Tiere also ohne jegliche Farbpigmente und daher auch besonders lichtempfindlich. Das Krallenhorn soll farblos und durchscheinend sein. Der Körper ist, wie bei allen Zwergen, gedrungen und walzenförmig und das Becken gut gerundet. Der Kopf soll ohne sichtbaren Hals auf dem Körper sitzen und im Vergleich zum Körper relativ groß sein. Die Stirn und das Nasenbein sind breit, die Ohren sollen nicht länger als 6 cm sein.

Hermelinkaninchen werden seit dem Ende des 19. Jahrhunderts gezüchtet, damals wegen ihres begehrten Pelzes. Sie sind sozusagen die Urform aller Zwergkaninchen.

Farbzwerge

Alle Zwergkaninchen mit einem farbigen Fell werden als Farbzwerge zusammengefaßt. In Körperbau und Typ entsprechen sie der „Zwergkaninchen-Urform", dem Hermelinkaninchen. Farbzwerge gibt es nicht nur in unterschiedlichen Farben, sondern auch mit kurzem und langem Haar, also Kurzhaar- oder Langhaarzwerge.

Russe

Russenkaninchen werden Zwerge mit einer speziellen Fellzeichnung genannt. Es sind weiße Tiere mit einem schwarzen Näschen, schwarzen Ohren und schwarzen Stiefelchen an den Pfoten. Die Krallen sind dunkel und die Augen rot. Russen gibt es auch in blau-weißer Variante, d. h., die schwarzen Partien sind bei diesen Tieren grau.

Marderkaninchen

Diese Farbvariante gibt es als Gelbmarder oder Siamkaninchen, als Braun- und Blaumarder. Das Siamkaninchen ist nach der Siamkatze benannt, weil es in der Fellfärbung einer Siamkatze sehr ähnelt. Es ist cremefarben, hat eine dunkle Maske und eine dunkle Blume (Afterregion). Ohren und Läufe sind dunkler gefärbt. Es trägt einen

Hokus Pokus?

Sicher hast Du schon gesehen, wie ein Zauberer ein Kaninchen aus seinem Zylinder hervorzaubert und es wieder verschwinden läßt, um es dann – Hokus Pokus – aus einem anderen Hut wieder hervorzuziehen. Wie macht er das? Kann ein Kaninchen unsichtbar durch die Luft fliegen?

Wer nicht wissen will, wie dieser Trick funktioniert, der sollte jetzt auf keinen Fall weiterlesen!

Für alle anderen:

Es ist ganz einfach: Der Zauberer hat in jedem Zylinder je ein Kaninchen versteckt. Der Hut hat einen schwarzen doppelten Boden. Ist dieser geschlossen, kann man das Kaninchen zunächst nicht sehen. Dann greift der Magier in den Zylinder, öffnet heimlich den Zwischenboden und holt das Tier hervor. Meist benutzt er zwei völlig weiße Kaninchen, die sich gleichen wie ein Ei dem anderen. So bemerkt

Der Star so mancher Zaubervorstellung.

der Zuschauer gar nicht, daß er zwei verschiedene Tiere zu sehen bekommt und nicht ein und dasselbe, das magisch durch die Luft wandelt. Also eigentlich gar keine Zauberei, sondern nur eine gekonnte Augentäuschung.

Streifen auf dem Rücken und dunklere Schattierungen an den Schenkeln. Die Augen sind dunkelbraun. Die Braun- und Blaumarder sind genauso gezeichnet, jedoch ist die Grundfarbe beim Braunmarder

braun, beim Blaumarder ein helles Blaugrau.

Rex-Kaninchen

Beim Rex handelt es sich um eine Kurzhaarrasse mit besonders strukturierten Haaren. Die Haare sind harsch, aber nicht gewellt und stehen senkrecht auf dem Haarboden. Dadurch wird die typische Körperform der Zwergkaninchen besonders gut sichtbar.

Das Castor-Rex-Kaninchen wiederum ist eine Farbvariante dieser Rasse. Es ist rötlich oder kastanienbraun und hat einen hellen Bauch, eine helle Blumenunterseite, eine weiße Maske und ein weißes Kinn.

Langhaarzwerge

Zwergkaninchen mit 5 bis 6 cm langen Haaren werden auch Langhaarzwerge genannt. Die Ohren, der Kopf und die Läufe sind allerdings normal, also kurz behaart. Diese besonders puscheligen Exemplare gibt es natürlich auch wieder in allen möglichen Farbschattierungen.

Angorakaninchen

Ein ganz besonderes Langhaarkaninchen ist das Angorakaninchen. Diese langhaarigen Tiere werden in erster Linie für die Wollproduktion gezüchtet. Ihr extrem weiches Haar wächst kontinuierlich, und sie werden viermal jährlich geschoren. Ein Kaninchen liefert dabei pro Jahr ungefähr 200-400 g Wolle. Das ist natürlich nicht viel, aber jeder, der schon einmal einen Angorapulli auf der Haut getragen hat, weiß, wie angenehm flauschig, weich und federleicht diese Wolle ist.

Dies ist zwar kein Rassezwerg, aber ganz sicher ein Kuschelkamerad zum Liebhaben.

Ein schwarz-weißes Mischlingskaninchen.

Widderzwerge

Etwas größer und schwerer als die Farbzwerge und im eigentlichen Sinne keine Zwergkaninchen, da ihnen der erbliche Zwergwuchsfaktor fehlt, sind die Widderzwerge. Es gibt sie in den selben Farben wie die Farbenzwerge, ihr Kopf weist jedoch einige Besonderheiten auf. Er soll einen gebogenen Nasenrücken haben und im Profil „widderartig" aussehen. An den Ohransätzen befinden sich Wülste, die an Widderhörner erinnern. Das charakteristischste Merkmal: Schlappohren. Sie hängen, idealerweise 24–28 cm lang, seitlich am Kopf herab, wobei die Schallöffnungen innen liegen.

Für den Rassenfachmann ist dies ein Deutscher Widderzwerg, japanerfarbig.

Bevor Sie sich ein oder mehrere Zwergkaninchen anschaffen, sollten Sie sich über ihre Ansprüche an Haltung, Fütterung und Pflege informieren. Überlegen Sie sich, ob Sie die Bedürfnisse der kleinen Fellbündel erfüllen können und wollen. Da Zwergkaninchen aber nicht schwer zu halten sind, wird dem Spaß, sich um diese Tiere zu kümmern, meist nicht viel im Wege stehen.

GUT VERSORGT

NATÜRLICH GESUND

SPIEL & SPASS

VERHALTEN VERSTEHEN

Passen Zwerg- kaninchen zu mir?

1

Ein oder zwei Kaninchen? Da Kaninchen Rudeltiere sind, fühlen sie sich zu zweit viel wohler als alleine, und zwei machen auch nicht sehr viel mehr Arbeit als ein einsames Einzelkaninchen.

2

Gerade Kinder lieben Zwergka- ninchen als kuschelige Spielka- meraden. Eltern sollten aber auch ein Auge darauf haben, daß die täglichen Pflichten wie Füttern oder Wassergeben nicht vergessen werden.

Platz und Zeit

Im Prinzip sind Kaninchen ein- fach zu halten und finden auch in einer kleinen Wohnung Platz. Ein ruhiges Plätzchen, an dem der Ka- ninchenkäfig stehen kann, muß aber dennoch gefunden werden.

Außerdem sollte regelmäßiger Frei- lauf möglich sein, denn ein Kanin- chen braucht mehr Bewegung, als ein handelsüblicher Käfig bietet. Die Lebenserwartung eines Kaninchens ist mit etwa 8 Jahren überschaubar, damit auch die Zeit, in der man für

3 Leben noch andere Tiere im Haushalt? Für Hund oder Katze wird ein Kaninchen immer auch ein Beutetier bleiben. Deshalb sollten sie besser nie unbeaufsichtigt miteinander alleine bleiben.

4 Welche Rasse soll es sein? Zwergkaninchen gibt es in den verschiedensten Fellfarben, mit Steh- und auch mit Schlappohren.

5 Kaninchen brauchen viel Bewegung. Ideal ist natürlich ein sicherer Auslauf im Garten. Doch auch in einer kleineren Wohnung können die Hoppler ihr tägliches Fitneßprogramm absolvieren.

das Tier verantwortlich ist. Außerdem braucht es auch nicht mindestens dreimal täglich ausgeführt zu werden wie ein Hund. Etwas Zeit für die tägliche Fütterung und Beschäftigung mit dem Tier, für Pflege und das regelmäßige Saubermachen des Käfigs muß man aber doch einplanen. Natürlich kann ein Kaninchen auch einmal krank werden. Das heißt, Sie müssen in einem solchen Fall noch extra Zeit für einen Tierarztbesuch und die Krankenpflege aufwenden.

Geschlechtsbestimmung

Der kleine Unterschied zwischen Männchen und Weibchen

○ Drehen Sie das Kaninchen auf den Rücken und schieben Sie mit Daumen und Zeigefinger das Fell im Genitalbereich vorsichtig auseinander. Direkt unter dem Schwanz befindet sich der After, darunter, in Richtung Bauch, die Geschlechtsöffnung. Sie erscheint punktförmig, zieht man sie leicht auseinander, erkennt man aber, daß sie beim weiblichen Kaninchen etwas länglich ist (unteres Bild).

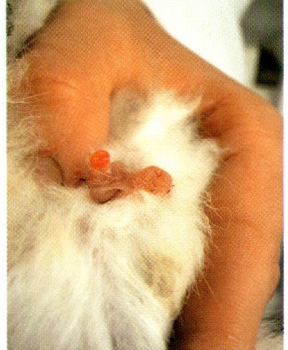

○ Bei Männchen kann man dagegen, wenn man leicht auf den Bauch rechts und links der Genitalöffnung drückt, den Penis ausstülpen (oberes Bild). Die Hoden eines Kaninchen-Männchens liegen beiderseits des Penis, sind bohnenförmig und unbehaart. Meist sind sie aber nicht zu sehen, da das Kaninchen sie in die Bauchhöhle ziehen kann.

○ Vor allem bei jungen Kaninchen ist die Geschlechtsbestimmung nicht ganz einfach. Im Zweifelsfall fragen Sie also besser Ihren Tierarzt oder den Zoofachhändler – vor allem, wenn Sie nicht plötzlich einen ganzen Stall Kaninchen haben wollen.

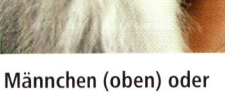

Männchen (oben) oder Weibchen (unten)?

Eines oder zwei?

Kaninchen sind Rudeltiere und leben in der Wildnis in Gruppen. Deshalb sollten sie auch als Heimtiere immer zusammen mit einem Artgenossen gehalten werden. Der Mensch, beschäftigt er sich auch noch so viel mit seinem Kaninchen, kann niemals vollständiger Ersatz für einen Artgenossen sein. Am besten nimmt man natürlich von Anfang an zwei Wurfgeschwister, so gibt es keine Eingewöhnungsschwierigkeiten. Das Aneinandergewöhnen von zwei sich fremden Tieren funktioniert ansonsten am bestem mit Jungtieren im Alter von bis zu drei Monaten. Wenn sich die Tiere noch nicht kennen, darf man sie zuerst nur unter Aufsicht zusammen lassen, und jedes sollte zunächst auch einen extra Käfig haben. Sobald die beiden aber mit dem Duft des Gegenübers vertraut sind, gibt es in der Regel keine Probleme mehr. Bei älteren Tieren dauert die Eingewöhnungsphase meist länger und man braucht etwas mehr Geduld.

Rammler oder Häsin

Soll es nur ein Kaninchen sein, ist es eigentlich egal, ob Männchen oder Weibchen. Sobald Sie aber zwei oder gar mehr Tiere halten wollen, wird die Sache schon problematischer. In Gruppen, in denen die Geschlechter gemischt sind, vermehren sie sich nämlich buchstäblich „wie die Kaninchen".

Wollen Sie ein Männchen und ein Weibchen zusammen halten, sollten Sie den Rammler spätestens mit Eintritt der Geschlechtsreife, also etwa im Alter von drei Mona-

ten, kastrieren lassen. Das geschieht beim Tierarzt unter Vollnarkose. Auch wenn man zwei Männchen zusammen hält, ist es besser, beide kastrieren zu lassen. Sobald die beiden geschlechtsreif werden, kann es zwischen ihnen sonst durchaus zu üblen Rangordnungskämpfen kommen.

Oft wird von der paarweisen Haltung von Häsinnen abgeraten. Meistens funktioniert das aber doch problemlos, vor allem wenn die Tiere sich von klein auf kennen, besonders, wenn es sich um Wurfgeschwister handelt. Natürlich kann es doch immer einmal zu kleineren Range-

Ein aufmerksamer Widderzwerg – neugierig reckt er seinen Hals, um nichts zu verpassen.

leien kommen. Das ist ein ganz normales Verhalten, wie es in jedem Rudel vorkommt. Die Tiere klären so ihre Rangordnung untereinander.

Kaninchen und andere Tiere

Die gemeinsame Haltung von Kaninchen und Meerschweinchen wird zwar von vielen empfohlen, ich halte sie jedoch für problematisch. Meerschweinchen und Kaninchen gehören unterschiedlichen Gattungen an und haben sich im Grunde nicht viel zu sagen. Menschen leben auch nicht mit Schimpansen zusammen, obwohl diese uns entwicklungsgeschichtlich am nächsten stehen. In vielen Fällen werden die Kaninchen mit Eintritt der Geschlechtsreife sehr dominant und bedrängen die Meerschweinchen. Schon allein auf Grund ihrer Größe sind Kaninchen den Meerschweinchen überlegen. Die kleinen Schweinchen leiden unter den stets dominanten Kaninchen und tragen häufig auch böse Bißverletzungen davon. Außerdem können Kaninchen einen Krankheitserreger (Bordetellen) ausscheiden, der bei Meerschweinchen zu Lungenentzündungen führen kann, ohne daß die Kaninchen selbst krank sein müssen. Natürlich

Wer hätte nicht gerne so einen süßen Zwerg als Hausgenossen?

gibt es immer wieder Ausnahmen, und das Gesagte sollte Sie keinesfalls verleiten, eine bereits bestehende, gut funktionierende Freundschaft zwischen Kaninchen und Meerschweinchen zu trennen.

Hunde und Katzen sind Raubtiere und sehen Kaninchen zunächst einmal als interessante Spielobjekte und womöglich als eine willkommene Abwechslung auf dem Speiseplan. Da Kaninchen zu den Beutetieren von Hund und Katze gehören, ist es mitunter schwierig, ihnen klar zu machen, daß man den neuen Hausgenossen nicht jagen oder gar fressen darf.

Zur Eingewöhnung lassen Sie den Neuzugang zunächst im Käfig, zeigen ihn erst einmal Ihren anderen Haustieren und lassen sie daran schnuppern. Das Kaninchen hat gleichzeitig die Gelegenheit, sich mit dem Hunde- und Katzengeruch vertraut zu machen. Nach dieser ersten Kennenlernphase können Sie versuchen, das Kaninchen laufen zu lassen. Sie müssen aber Hund und Katze dabei immer gut im Auge behalten. Ein Raubtier wird auch immer ein Raubtier bleiben, und selbst wenn Hund oder Katze mit dem Kaninchen nur Fangen spielen wollen, versetzt das den Mümmelmann in Angst und Schrecken.

11 x ja zu Zwergkaninchen

○ Haben Sie genügend Zeit, um sich um die Kaninchen zu kümmern, d. h. täglich füttern, Käfig reinigen, Freilauf sowie eventuelle Tierarztbesuche?

○ Falls ein Kaninchen für Ihr Kind angeschafft werden soll: Kann es alleine für das Tier sorgen, oder sind Sie bereit, selbst einen Teil der Verantwortung zu tragen?

○ Haben Sie einen geeigneten Platz für einen ausreichend großen Käfig?

○ Haben die Kaninchen die Möglichkeit zum Freilauf im Haus oder noch besser im Garten?

○ Sind Sie tolerant gegenüber dem Schmutz, den Kaninchen mitbringen?

○ Falls schon andere Tiere zur Familie gehören: Werden sie sich mit den Kaninchen vertragen, oder können die Kaninchen sicher „außer Reichweite" gebracht werden?

○ Kennen Sie einen zuverlässigen Menschen, der sich um die Tiere kümmert, wenn Sie einmal nicht da sind?

○ Hat niemand in der Familie eine Tierhaarallergie?

○ Sind alle Familienmitglieder mit der Anschaffung von Zwergkaninchen einverstanden?

○ Sind Kaninchen in der Wohnung erlaubt, und ist der Vermieter einverstanden?

○ Sind Sie bereit, für eventuelle Schäden, die das Kaninchen durch Nagen angerichtet hat, aufzukommen?

Kaninchen und Kinder

Zwergkaninchen sind friedliebende Zeitgenossen und stellen keinesfalls eine Gefahr für ein Baby dar. Eher umgekehrt: Kleine Kinder vor allem im Krabbelalter stellen dem

Kaninchen nach und versuchen es zu fangen, fassen aber dabei vielleicht auch etwas grob zu. Das Kaninchen fühlt sich gejagt, bekommt Angst und wird womöglich verletzt.

Bei der Neuanschaffung eines Kaninchens für ein Kind sollte dieses mindestens im Schulalter sein, um sich auch wirklich verantwortungsvoll um das Tier kümmern und mit ihm umgehen zu können. Außerdem sind Kinder in diesem Alter auch motorisch schon so geschickt, daß sie ein Kaninchen auch dann noch sicher und ohne es zu verletzten halten können, wenn es einmal zappelt.

Allergien

Tierhaarallergien sind unangenehm und schwierig wieder los zu werden. Haben Sie Familienmitglieder mit Heuschnupfen, ist es auf jeden Fall ratsam, einen Allergietest auf Kaninchenhaare durchführen zu lassen, bevor Sie das Tier anschaffen. Sich schon nach wenigen Tagen wegen einer Allergie wieder von ihm trennen zu müssen, ist vor allem für Kinder eine sehr traurige Erfahrung.

Krankheiten

Leider kann ein Kaninchen auch bei optimalen Haltungsbedingungen einmal krank werden. Wer kümmert sich dann um das Tier? Wer verzichtet auf Freizeitvergnügungen oder gar den Urlaub, bringt es zum Tierarzt, flößt ihm Medizin ein, badet es, versorgt es , macht es sauber, putzt ihm vielleicht auch den Po, wenn es Durchfall hat und sich selbst nicht mehr richtig putzen kann? Klären Sie dies vor der Anschaffung, denn erfahrungsgemäß bleiben an den Eltern diese undankbaren Aufgaben hängen.

Urlaub

Fast jeder möchte auch irgendwann einmal in Urlaub fahren, und spätestens dann stellt sich die Frage: „Wohin mit den Kaninchen?" Besser ist es natürlich, schon vorher daran zu denken, was dann mit den Tieren geschehen soll. Tierheime, Zoofachgeschäfte und Tierpensionen bieten Urlaubspflege für Zwergkaninchen an. Informieren Sie sich aber genau über die Bedingungen, und legen Sie den Preis fest. Natürlich schauen Sie sich die Unterbringung vorher genau an, Ihr Tier soll sich ja auch während Ihres Urlaubs wohl fühlen. Viele Tierbesitzer ziehen es jedoch vor, die Urlaubspflege privat zu organisieren. Vielleicht bietet eine Annonce in der lokalen Presse die Möglichkeit, andere Kaninchenhalter kennenzulernen? Oft ist auch ein Aushang beim Tierarzt hilfreich. Wenn man Kinder hat, kann man sich in der Klasse erkundigen und wird erstaunt sein, wie viele Kinder Kaninchen oder auch Meerschweinchen besitzen. Während der Schulferien kann man so vielleicht einen richtigen Urlaubspflegedienst organisieren.

Checkliste   für den Kauf

- ◯ Die Kaninchen leben beim Züchter oder im Zoofachhandel in großen Verkaufskäfigen.
- ◯ Die Käfige sind sauber und befinden sich in einem hellen, luftigen Raum.
- ◯ Die Kaninchen werden nach Geschlechtern getrennt gehalten.
- ◯ Beim Züchter achten Sie auch auf die Muttertiere: Sehen sie gepflegt und nicht abgemagert aus? Bekommen sie regelmäßig Schutzimpfungen?
- ◯ Die Kaninchen haben genug zu fressen und frisches Heu zur Verfügung.
- ◯ Futter und Wasser – am besten aus der Nippeltränke – sind sauber.

- ◯ Die Kaninchen sind putzmunter, lebhaft, spielen miteinander und sind an ihrer Umwelt interessiert.
- ◯ Die Augen sind klar und glänzend, das Fell ist sauber und liegt glatt an.
- ◯ Die Tiere sind sauber, das Hinterteil ist nicht mit Kot verunreinigt.
- ◯ Die Krallen sind nicht zu lang und gerade gewachsen.
- ◯ Bei der Abgabe sind die Kaninchen mindestens 7 bis 8 Wochen alt.
- ◯ Züchter oder Zoofachhändler sollten sich genügend Zeit für Ihre Fragen nehmen, Sie beraten und auch einen Kaufvertrag aufsetzen.

Hier kann sich das Kaninchen an sauberem Heu bedienen.

Wo kauft man Zwerge?

Natürlich ist es am schönsten, sich ein junges Kaninchen beim Züchter oder im Zoofachgeschäft auszusuchen. Doch es lohnt sich auch der Gang ins Tierheim. Dort gibt es oft eine große Zahl von jungen, alten, großen und kleinen Kaninchen, auch das eine oder andere Rassekaninchen ist dort zu finden. Diese Tiere haben oft den Vorteil, daß sie bereits an Menschen gewöhnt sind. Das Tierheimpersonal steht mit Rat und Tat zur Seite, und manchmal gibt es auch die Möglichkeit, über sogenannte Betreuungsverträge das Zusammenleben erst einmal auszuprobieren. Erst nach einer Eingewöhnungszeit entscheidet man sich endgültig für das Tier. Auch ein Tierarzt kann Ihnen beim Kauf weiterhelfen. Er kennt vielleicht Kanincheneltern, bei denen sich zwei Häsinnen doch als Pärchen entpuppt haben.

Grundausstattung

- ○ Käfig
- ○ Nippeltränke
- ○ Steingutfutternapf
- ○ Heuraufe
- ○ Häuschen
- ○ Einstreu (Strohpellets oder Holzspäne)
- ○ Heu
- ○ Kaninchenfuttermischung
- ○ Vitamintropfen
- ○ Krallenzange
- ○ Noppenhandschuh oder Bürste für die Fellpflege
- ○ Transportbox
- ○ Hasentoilette

Zwergkaninchen ziehen ein

Gut vorbereitet

Die Anschaffung von Zwergkaninchen haben Sie sich mit der ganzen Familie gut überlegt, und alle sind dafür. Nun geht es an die konkrete Vorbereitung, denn bald sollen die neuen Hausgenossen einziehen. Diese brauchen natürlich einen Käfig, der auch seinen festen Platz in der Wohnung bekommen sollte. Außerdem muß allerlei Zubehör und, nicht zu vergessen, auch das Futter gekauft werden. Die Einkaufsliste auf S. 26 hilft Ihnen, die richtige Grundausstattung für Ihre Kaninchen zusammenzustellen.

Käfig

Kaninchenkäfige werden von Zoogeschäften in verschiedenen Größen angeboten. Ein Zimmerkäfig sollte auf jeden Fall mindestens 90 x 50 x 45 cm groß sein. Bei der Haltung von zwei Tieren kann es aber in diesem Käfig zu eng werden. Zwei Kaninchen sollte man

Schon bald siegt die Neugier beim neuen Hausgenossen.

Ein etwas zu gut gefüllter Futternapf aus Keramik.

Immer sauberes Wasser gibt es aus der Nippeltrinkflasche.

teten Gittern die Gefahr besteht, daß die neugierigen Kaninchen den Kunststoff abfressen. Verschluckte Kunststoffteile können im Verdauungstrakt zu Verletzungen führen.

Futternapf und Heuraufe

Der Futternapf sollte aus Steingut bestehen. Er kippt dann lange nicht so leicht um wie ein leichter Napf aus Metall oder Kunststoff. Kaninchen turnen nämlich ganz gerne in ihren Futternäpfen herum. Ein nach innen gebogener Rand verhindert, daß die Kaninchen das Futter allzu leicht aus dem Napf herausscharren können. Steingutnäpfe sind außerdem leicht zu reinigen.

Eine Heuraufe, die etwas höher angebracht ist, empfiehlt sich ebenfalls. Das verhindert, daß das Heu als Kuschelunterlage mißbraucht und womöglich noch gefressen wird, wenn es verschmutzt ist. Außerdem muß das Kaninchen ein wenig Gymnastik machen, wenn es sich nach dem Heu reckt.

Heuraufen, die oben offen sind und innen im Käfig eingehängt werden, können zu Verletzungen führen, wenn die Tiere hineinklettern und hängenbleiben. Man kann die Raufe zur Sicherheit auch außen am Käfig anbringen, eine sogenannte Schalenraufe verwenden oder die

also eine größere Behausung gönnen. Üblicherweise bestehen die Käfige aus einer Kunststoffwanne, die möglichst ca. 20 cm hoch sein sollte, damit das Kaninchen beim Scharren die Wohnung nicht verschmutzt. Mit Klemmbügeln wird daran der Gitteraufsatz befestigt. Dieser sollte aus verzinktem Metall bestehen, da bei kunststoffbeschich-

Raufe einfach mit einem Holzbrett abdecken. Kaninchen schätzen das auch als erhöhten Sitzplatz.

Nippeltränke

Den Kaninchen muß den ganzen Tag frisches Wasser zu Verfügung stehen. Hierfür eignet sich am besten eine Nippelflasche. Sie verhindert, daß das Trinkwasser verschmutzt wird, und man kann so auch kontrollieren, wieviel Wasser die Zwerge zu sich nehmen. Die meisten Kaninchen sind den Gebrauch dieser Trinkflaschen schon

vom Züchter oder aus dem Zoofachgeschäft gewöhnt, ansonsten lernen sie es sehr schnell.

Schlafhäuschen

Als Hohlenbewohner brauchen Kaninchen natürlich unbedingt eine geschützte Rückzugsmöglichkeit. Deshalb bekommt jedes Kaninchen sein eigenes Schlafhäuschen in den Käfig. Kunststoffhäuschen sind ungeeignet, sie sind zwar hygienischer als Holzhäuschen, abgenagte Kunststoffteile können im Kaninchenmagen aber gefährlich werden. Außerdem ist die Luftzirkulation in ihnen sehr schlecht.

Holzhäuschen können gefahrlos benagt werden und sind atmungsaktiv. Es gibt sie in verschiedenen Größen

Spielen und Schmusen sind wichtig.

Eine Traumvilla
für Zwerge

1 In die Bodenschale wird zuerst eine etwa 5 cm hohe Schicht Streu eingefüllt, auf der das Kaninchen weich sitzen kann und die den Urin aufsaugt.

2 Kaninchen wollen sich verstecken können. Deshalb gehört in den Käfig pro Kaninchen mindestens ein Schlafhäuschen.

und Formen zu kaufen. Auch ein Stück von einem hohlen Baumstamm kann als Schlafhöhle dienen.

Sobald die Ränder der Häuschen so stark benagt sind, daß sich die Tiere an scharfen Kanten verletzen könnten, müssen sie ausgetauscht werden, außerdem auch, wenn das Holz, z. B. durch Urin, sehr stark verschmutzt ist.

Einstreu

Kaninchen sind reinliche Tiere und wünschen sich einen sauberen Käfig. Mit der geeigneten Streu ist es recht einfach, für die nötige Hygiene zu sorgen.

Als Einstreu am besten geeignet sind Strohpellets, die sackweise im Zoofachgeschäft angeboten werden. Die Pellets haben eine sehr gute

"Deckel drauf!" Der Gitteraufsatz wird mit Haken an der Bodenschale befestigt. Die Stäbe sollten aus nagefestem verzinktem Metall sein.

Liebe geht durch den Magen. Es ist wichtig, daß Kaninchen ständig frisches Heu zur Verfügung haben. In einer Raufe bleibt es sauber.

Eine Nippelflasche wird außen am Gitter befestigt, so kann das Kaninchen jederzeit trinken, und der Käfig bleibt trocken.

Saugfähigkeit und werden von den Tieren allmählich zu einem feinen Mehl zertreten, das nicht im Fell hängenbleibt. Auch Säge- oder Nagerspäne aus dem Zoofachgeschäft können als Einstreu dienen. Sie müssen auf jeden Fall von unbehandelten Hölzern stammen, deshalb keine billigen Spanreste vom Schreiner verwenden. Auch die Späne haben gute Saugeigenschaften, können aber leichter im Fell und an den Pfoten hängenbleiben.

Auch Stroh ist ein gutes Einstreumaterial. Es ist saugfähig, wird auch beknabbert und kann den Rohfaseranteil in der Nahrung ergänzen. Man sollte darauf achten, daß man langfaseriges Stroh kauft, das keine Schadstoffe oder Schädlingsbekämp-

31

aninchenwünsche

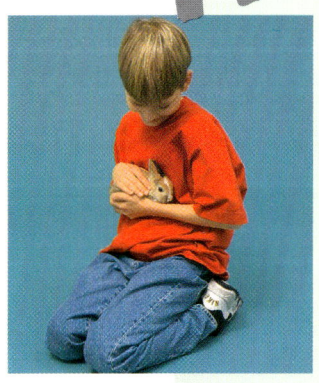

Kaninchen wollen kuscheln,

Leckerbissen mit Dir teilen und

jeden Tag mit Dir spielen.

Natürlich soll Dein neuer Freund ganz schnell zahm werden, damit Du mit ihm spielen und kuscheln kannst. Das geht besonders schnell, wenn Du weißt, was Zwergkaninchen gerne mögen:
Sie lieben es, mit der Wuchsrichtung der Haare – man nennt das „mit dem Strich" – gekrault zu werden. Sie lassen sich gerne mit einer weichen Bürste das Fell bürsten. Gerne hören sie dabei ruhige Worte, am liebsten ihren Namen. Ab und zu einem besonderen Leckerbissen direkt aus Deiner Hand können sie nicht widerstehen. Und sie wollen natürlich regelmäßig Futter und Wasser, einen sauberen Käfig und viel Zeit mit Dir verbringen.
Wenn Du nun noch auf einige Dinge achtest, die Kaninchen überhaupt nicht leiden können wie laute Geräusche, hektische Bewegungen oder unter dem Kinn gekrault werden – hier befinden sich nämlich die Duftdrüsen – wird Dein Mümmelmann bald ganz zutraulich werden. Vielleicht lernt er sogar seinen Namen und kommt angehoppelt, wenn Du ins Zimmer kommst und seinen Namen rufst.

fungsmittel enthält. Man bekommt es im Zoofachgeschäft oder auch beim Biobauern.

Einige Materialien sind als Einstreu für einen Kaninchenkäfig nicht geeignet. Dazu gehört z. B. Katzenstreugranulat. Es ist zu grobkörnig und zu hart für die Tiere. Man kann es aber in der Toilettenecke unter die normale Einstreu geben und so seine gute Saugfähigkeit und oft auch Geruchsbindung nutzen.

Auf keinen Fall verwenden sollten Sie Zeitungspapier. Es ist zwar billig, enthält aber giftige Druckerschwärze, die zu Gesundheitsschäden führt. Torf ist zum einen aus Naturschutzgründen abzulehnen. Zum anderen staubt und klumpt er, bleibt im Fell hängen und hat keine guten Saugeigenschaften. Auch Heu gehört nicht als Einstreu auf den Käfigboden. Kaninchen würden es auch fressen, wenn es schon beschmutzt ist. Es gehört deshalb unbedingt in eine Raufe.

Käfigreinigung

Der Käfig sollte mindestens einmal wöchentlich gereinigt werden. Man wechselt die Einstreu – sie kann in der Biotonne oder auf dem Kompost entsorgt werden – aus und duscht den Käfigboden ab. Verwenden Sie keine scharfen Reini-

gungsmittel, Rückstände davon können den Kaninchen schaden. Rücken Sie hartnäckigeren Verschmutzungen lieber mit einer Bürste zu Leibe.

Urinstein entfernen Sie am besten mit Zitronensäure (in der Apotheke erhältlich): Einen Eßlöffel davon in einem Liter warmem Wasser auflösen, diese Lösung dann eine Stunde einwirken lassen. Die Toilettenecke muß öfter, unter Umständen täglich, gereinigt werden. Entfernen Sie die durchfeuchtete Streu, und ersetzen Sie sie durch frische.

Den Futternapf und die Trinkwasserflasche spülen Sie täglich mit warmem Wasser aus. Gelegentlich sollten Sie das „Eßgeschirr" auch mit etwas Essigwasser waschen.

Je mehr man sich mit dem Kaninchen beschäftigt, desto schneller wird es zahm.

Käfigstandort

„Platz ist in der kleinsten Hütte"
– auch für einen Kaninchenkäfig.
Der Standort sollte aber dennoch
gut gewählt sein, damit die Kaninchen sich wohlfühlen. Ideal ist ein
heller zugfreier Standort, jedoch
nicht in der prallen Sonne. Die beste Raumtemperatur für Kaninchen
beträgt 15 bis 22 Grad. Eine Luftfeuchtigkeit von etwa 60 % wäre
optimal. Während der Heizungsperiode können Sie einen Luftbefeuchter an die Heizungen hängen.

Kaninchen mögen es lieber ruhig.
Der Käfig sollte also nicht direkt im
„Durchgangsverkehr" stehen. Laute

In einer Transportbox reist das Kaninchen
sicher ins neue Zuhause.

Musik oder ein ständig laufender
Fernseher sind für Kaninchenohren
und -nerven unterträglich.

Herzlich Willkommen

Alles ist für den Einzug des neuen Mitbewohners vorbereitet. Nun
kann das Kaninchen beim Züchter
oder Zoofachhändler abgeholt werden. Bringen Sie das Tier – in einer
Transportbox – auf direktem Weg
nach Hause. Dort setzen Sie es erst
einmal in seinen neuen Käfig. Auch
wenn es schwerfällt: das Kaninchen
nicht sofort streicheln oder herumtragen. Es wird durch den
Umgebungswechsel ohnehin

Mit einem Leckerbissen lassen
sich auch scheue Kaninchen
aus der Reserve locken.

schon sehr verunsichert. Lassen Sie es in den ersten Tagen im Käfig, damit es den Geruch seines neuen Zuhauses kennenlernen kann. Wenn Sie etwas alte Streu vom Züchter oder Zoofachhändler mitnehmen, wird ihm die Eingewöhnung leichterfallen, da es dann von Anfang an seinen eigenen Geruch „dabei hat".

Vorsichtig kennenlernen

Natürlich wollen Sie Ihr Kaninchen bald auch streicheln. Damit es keine Angst vor Ihnen bekommt, nähern Sie sich dem Käfig langsam und möglichst auf dem Bauch liegend. Denn sie wissen ja: Für Kaninchen kommt die Gefahr immer von oben.

Um es an die Hand zu gewöhnen, halten Sie ihm ruhig einen Leckerbissen hin und lassen es an Ihrer Hand schnuppern, damit es Ihren Geruch kennenlernt. Wenn es nicht vor der Hand zurückschreckt, können Sie beginnen, es sanft zu streicheln. Reden Sie dabei mit leiser Stimme zu ihm, und bald wird es sich auch hochnehmen lassen.

Wenn sich Ihr Kaninchen etwas eingelebt hat, können Sie ihm auch bald die ersten Spaziergänge in der Wohnung gönnen. Achten Sie dabei aber auf die nötige Sicherheit für den kleinen Abenteurer.

Richtig hochnehmen und tragen

Vor allem Kinder müssen lernen, wie ein Zwergkaninchen richtig hochgenommen und getragen wird. Viele Kaninchen zappeln, wenn sie auf den Arm genommen werden, oder versuchen herunterzuspringen und können sich dabei verletzen.

Am besten nimmt man das Kaninchen hoch, indem man mit der einen Hand in die Nackenfalte greift. Wichtig: Mit der ganzen Hand zugreifen und nicht nur mit zwei Fingern. Mit der anderen Hand stützt man die Hinterbeine und den Hinterleib ab, so daß das Kaninchen richtiggehend in der Hand sitzt und nicht zappeln kann. Ganz junge Kaninchen umfaßt man besser mit zwei Händen und nimmt sie hoch. Der Griff in die Nackenfalte kann den Tieren weh tun. Auf dem Arm getragen fühlen sich Kaninchen am wohlsten, wenn man sie auf den Unterarm setzt

Häuschen gibt es in unterschiedlichen Formen:

als Brücke,

...als Rampe,

oder Flachdachbungalow.

35

Die zwergkaninchensichere Wohnung

Beim Freilauf in der Wohnung muß für die Sicherheit Ihres Kaninchens gesorgt sein.

○ Alles, was das Kaninchen benagen oder verschmutzen könnte, sollten Sie aus seiner Reichweite bringen, also z. B. wertvolle Teppiche oder Möbelstücke, aber auch andere Gegenstände, die vielleicht zufällig auf dem Boden liegen.

○ Bei glatten Parkett-, Dielen- oder Fliesenböden ist Vorsicht angesagt: Wenn das Kaninchen ausrutscht, kann es sich verletzen.

○ Elektrische Leitungen und Telefonkabel werden von Kaninchen gerne mit den Zähnen untersucht. Das ist lebensgefährlich! Das Kaninchen kann einen tödlichen Schlag bekommen. Machen Sie diese Leitungen unbedingt unzugänglich.

○ Bringen Sie giftige Zimmerpflanzen außer Kaninchenreichweite. In Wohnungen häufig sind: Alpenveilchen, Azaleen, Clivien, Diefenbachie, Efeu, Farne, Geranien, Maiglöckchen, Oleander, Osterglocken, Primeln, Rhododendron, Weihnachtsstern.

○ Grundregel: Pflanzen, bei denen beim Abbrechen eines Blattes oder Stengels milchige Flüssigkeit austritt, sind sehr wahrscheinlich giftig. (Für Löwenzahn gilt dies nicht.)

○ Augen auf, wenn Zwergkaninchen unterwegs sind. Kaninchen sehen vor allem im Nahbereich schlecht und hoppeln deshalb schnell den Menschen zwischen die Füße. Wenn sie getreten werden, können sie leicht Verletzungen davontragen. Machen Sie auch keine hastigen Bewegungen, um das Tier nicht zu erschrecken.

○ Öffnen Sie Türen vorsichtig, damit das Kaninchen nicht versehentlich eingeklemmt wird.

○ Der Käfig mit Futter und Wasser muß für das Kaninchen immer offen und erreichbar sein. Manche Kaninchen benützen sogar eine Rampe, die in den Käfig führt.

○ Stellen Sie ein zusätzliches Schlafhäuschen in der Wohnung auf, damit das Kaninchen immer eine Rückzugsmöglichkeit hat.

und mit der anderen Hand am Nackenfell leicht festhält. Viele Kaninchen kuscheln sich dann richtig in die Armbeuge und machen es sich dort bequem.

Man darf das Tier auf keinen Fall an den Ohren hochnehmen. Denn die langen Ohren sind sehr schmerzempfindlich.

Ein hohler Baumstamm oder eine Wurzel sind Versteck und Spielplatz zugleich und bieten Abwechslung zum üblichen Häuschen.

Gepflegt von Kopf bis Fuß

Reinliche Tiere

Kaninchen verwenden sehr viel Zeit auf ihre Fell- und Körperpflege und gehen dabei sehr gründlich vor. Hier ähneln sie in ihrem Verhalten etwas den Katzen. Normalerweise hat ein Kaninchen klare Augen, saubere Ohren, ein glatt anliegendes Fell und einen sauberen Po und braucht in der Regel auch wenig Hilfe bei seiner täglichen Schönheitspflege. Verschmutzungen um den Po, die Nase oder die Augen sollten Sie deshalb immer als einen Hinweis auf eine mögliche Erkrankung verstehen und notfalls zum Tierarzt gehen.

Fellpflege

Während des Fellwechsels im Frühjahr und im Herbst verlieren die Tiere sehr viele Haare. In dieser Zeit sollten Sie Ihr Kaninchen intensiv bürsten, um die alten, abgestorbenen Haare zu entfernen. Das funktioniert am besten mit einem Noppenhandschuh oder einer weichen Naturbürste.

Aber auch außerhalb des Fellwechsels genießen Kaninchen das tägliche Bürsten. Es regt Kreislauf und Durchblutung an, ist eine wunderbare Massage, und die Tiere genießen es, von ihren Menschen viel Zuwendung zu bekommen.

Streicheleinheiten gehören auf jeden Fall zum Kaninchen-Wohlfühl-Programm.

Kaninchen sollen – außer der Tierarzt hat es aus medizinischen Gründen verordnet – nie gebadet werden. Starke Verschmutzungen oder Kotverkrustungen nur mit einem feuchten Tuch aus dem Fell reiben.

Augen und Ohren

Richten Sie bei den täglichen Streicheleinheiten auch einen Blick auf Augen und Ohren. Sie sollen sauber, ohne Verkrustungen oder Ausfluß sein. „Schlafkörnchen" im Augenwinkel können Sie mit einem weichen Tuch entfernen. Tränen die Augen ständig oder zeigen sich hartnäckige Verkrustungen an Augen oder Ohren, ist ein Besuch beim Tierarzt nötig.

Krallen

Da Wohnungskaninchen im Gegensatz zu ihren wildlebenden Verwandten keine meterlangen Gänge graben und nicht auf hartem Untergrund herumhoppeln, nutzen sie ihre Krallen oft nicht genug ab. Dies kann so weit gehen, daß die Krallen im schlimmsten Fall korkenzieherartig wachsen, sich in die Pfote bohren und einwachsen. Das tut natürlich weh und kann zu schlimmen Infektionen führen. Deshalb ist es besonders wichtig, die Krallen regelmäßig zu kontrollieren und, falls erforderlich, zu schneiden.

Als Richtwert kann man sich merken, daß die Krallen so lang wie die Haare an den Füßen sein können. Nägel, die länger als die Behaarung sind, müssen gekürzt werden. Zum Krallenschneiden nimmt man das Kaninchen auf den Schoß oder läßt es von einer zweiten Person festhalten. Dann schiebt man die Haare an den Pfoten etwas zurück und kürzt die Kralle mit einer Krallenzange oder einem Nagelklipper schräg nach unten.

Vorsicht: Nie zu viel auf einmal abzwicken. In den Krallen verlaufen Blutgefäße, die sich in hellen Krallen als dunklere Bereiche abzeichnen. Wenn man die Kralle zu stark kürzt, verletzt man diese und es kommt zu Blutungen. Deshalb lieber weniger abzwicken und dafür öfter einmal nachschneiden. Blutet es trotzdem, kühlt man die Kralle am besten mit Eiswürfeln oder stillt mit Pflasterspray die Blutung. Natürlich können Sie die Krallen auch von Ihrem Tierarzt schneiden lassen.

Perianaltaschen

Beidseitig des Afters haben Kaninchen beiderlei Geschlechts sogenannte Perianaltaschen („Neben-After-Taschen"). Dort sitzen die Leistendrüsen, die ein leicht schmieriges, süßlich riechendes Sekret produzieren (siehe S. 104). Dieses

Bürsten ist Fellpflege und Massage in einem und regt auch noch den Kreislauf an.

Sekret ist das „persönliche Parfum" eines Kaninchens und dient zur Erkennung der Artgenossen untereinander. Das Sekret kann sich in diesen Taschen ansammeln, die sich im schlimmsten Fall auch entzünden können. Deshalb ist es wichtig, die Afterregion regelmäßig zu kontrollieren und das Sekret nötigenfalls vorsichtig mit ei-

Kaninchen widmen sich hingebungsvoll der Fellpflege.

Kaninchens Schönheits-Salon

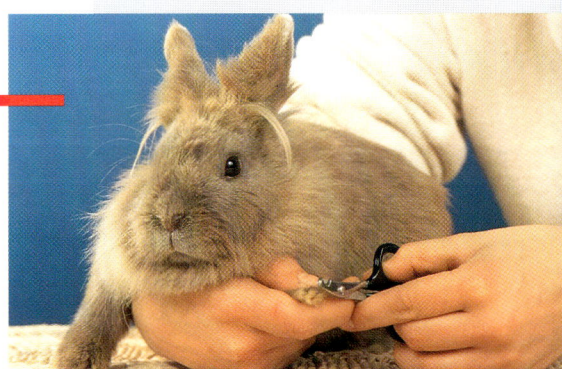

Pediküre für Kaninchen: Sind die Krallen zu lang gewachsen, muß man sie kürzen. Achten Sie dabei darauf, daß Sie die Blutgefäße in den Krallen nicht verletzen.

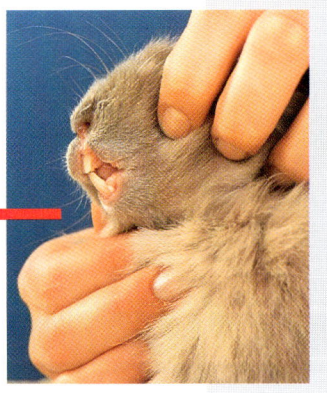

Verwenden Sie nie Wattestäbchen im Ohr eines Kaninchens, sie könnten es verletzen. Ein Tuch reicht für die Ohrenpflege völlig aus.

Zahnkontrolle: Die Schneidezähne müssen aufeinander stehen, damit sie sich beim Kauen und Nagen regelmäßig abnutzen.

nem Wattestäbchen, das mit etwas Babyöl getränkt ist, zu säubern.

Zähne

Die vorderen Schneidezähne und die Backenzähne der Kaninchen gehören zu den sogenannten wur-

zellosen Zähnen. Das bedeutet, sie wachsen ein Leben lang nach. Damit sich die Zähne durch Reibung ständig abschleifen, müssen die Mümmelmänner viel nagen und ihr Futter intensiv kauen. Tun sie das nicht, werden die Zähne immer län-

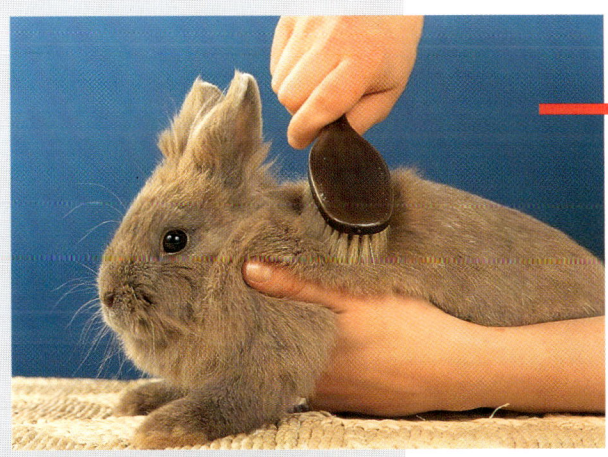

Nur langhaarige Kaninchen müssen täglich gebürstet werden. Doch auch kurzhaarigen Zwergen tut eine tägliche Bürstenmassage gut.

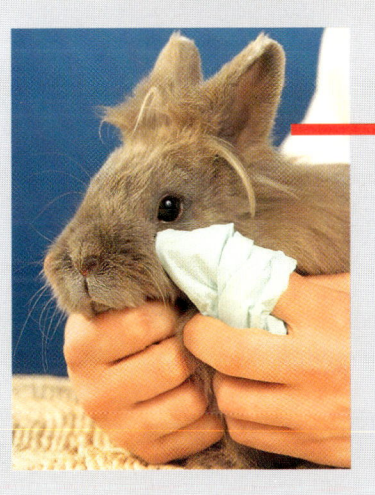

„Schau mir in die Augen, Kleines." Verkrustungen im Augenwinkel wischen Sie vorsichtig mit einem weichen Tuch ab.

ger, bis das Kaninchen irgendwann nicht mehr richtig fressen kann. Kontrollieren Sie deshalb regelmäßig die Schneidezähne Ihrer Zwergkaninchen.

Sind die Zähne doch einmal zu lang gewachsen oder leidet Ihr Ka-

ninchen an einer durch den Zwergwuchsfaktor erblich bedingten Fehlstellung, so daß sich die Zähne nie richtig abnutzen können (siehe S. 62), bleibt nur der Gang zum Tierarzt. Er kann die Zähne mit einem speziellen Gerät kürzen.

Gesundes für vegetarische Feinschmecker

Ernährungsgewohnheiten

Kaninchen sind reine Vegetarier und müssen auf Grund ihres Verdauungssystems ständig fressen. Ihr Magen entleert seinen Inhalt nicht durch Muskelbewegungen in den Dünndarm, sondern der nachfolgende Futterbrei schiebt das Futter weiter. Dem Kaninchen muß deshalb rund um die Uhr Futter zur Verfügung stehen. Futter heißt in diesem Fall Heu, das als einziges Futtermittel in großen Mengen gefressen werden kann, ohne dick zu machen.

Müssen Kaninchen hungern, überfressen sie sich hinterher leicht, Magenüberladungen und Blähungen sind die Folge. Kaninchen können aufgrund ihrer anatomischen Magenstruktur nicht erbrechen, das macht die Sache noch schlimmer.

Kaninchen fressen ihren Kot. Das ist nicht eklig, und Sie dürfen die Tiere nicht daran hindern. Ihre Kaninchen bekommen sonst schwere Mangelerscheinungen. Meist geschieht das Kotfressen nachts. Der in der Nacht gebildete Kot ist der sogenannte Blinddarmkot. Er ist sehr reich an den lebenswichtigen Vitaminen K und B und sieht auch anders aus als die üblichen bräunlichen runden Kotkügelchen, die Sie kennen. Der Blinddarmkot ist weicher, schwarzglänzend und bohnenförmig und wird von den Tieren meist direkt vom After aufgenommen. Man bekommt ihn deshalb nur selten zu Gesicht. Erschrecken Sie also nicht, wenn Sie doch einmal ein solches ungewöhnliches Böhnchen im Käfig finden.

Abwechslung im Speiseplan

Da Kaninchen in der freien Wildbahn auch nicht das ganze Jahr über das gleiche zu fressen bekommen, sollte man dies auch bei der Kaninchenfütterung beachten. Da sich ein Käfigkaninchen sein Futter nicht selber aussuchen kann, müssen Sie als verantwortungsvoller Tierbesitzer auf die richtige Mischung achten, damit die Tiere lange gesund und fit bleiben.

Man kann generell drei verschiedene Futterarten unterscheiden: Rauhfutter, dazu zählen Heu, Stroh, Zweige und Äste; Grünfutter, hierzu gehört alles frische Grün, Kräuter Gräser, Gemüse und Obst und Fer-

tig- oder Alleinfutter, das es als fertige Mischungen im Handel zu kaufen gibt. Fertigfuttermischungen sind für jede Lebensphase eines Kaninchens erhältlich: für Jungtiere, erwachsene Tiere, als Autzuchtfutter, als Zuchtfutter für trächtige Tiere und als Mastfutter für Mastkaninchen – das Sie für Ihren Zwerg sicher nicht brauchen werden.

Rohfaser für die Verdauung

Der Hauptbestandteil der Kaninchennahrung und der beste Rohfaserlieferant ist Heu. Sorgen Sie dafür, daß die Heuraufe immer gut gefüllt ist. Achten Sie beim Heu wirklich auf gute Qualität, und kaufen Sie lieber etwas teureres Heu und dafür weniger Dickmacher wie etwa Joghurtdrops.

Der Rohfaseranteil in der Nahrung ist dafür verantwortlich, daß der Nahrungsbrei im Darm problemlos weitertransportiert wird. Außerdem muß Heu ausgiebig gekaut werden, so daß sich die Zähne regelmäßig abnutzen.

Kaninchen müssen ständig fressen – wichtig ist natürlich das richtige Futter.

Stroh ist eigentlich eher Einstreu als Futter, wird aber manchmal auch gefressen und liefert ebenfalls viel Rohfaser. Das Stroh sollte möglichst goldgelb, staubarm und langfaserig sein. Ansonsten gilt das gleiche wie beim Heu: Es sollte von schadstofffreien Feldern kommen. Gerstenstroh ist qualitativ das hochwertigste Stroh.

Rauhfutter mit Knabberspaß

Auch Zweige und Äste gehören zum Rauhfutter. Die Tiere benagen die Rinde – die darin enthaltenen Gerbstoffe und Öle sind sehr gesund – und schätzen besonders kleine Knospen, Blütenstände und junge Blättchen. Geeignet sind Äste von allen Obstgehölzen, Haselnuß, Buche, Pappel, Erle und Weiden mit Blättern und Knospen. Sie müssen nur darauf achten, daß sie von unge-

Heu ist wichtig für eine geregelte Verdauung und die Zahnpflege.

So erkennen Sie hochwertiges Heu

- Die Farbe ist leicht grün, nicht grau.
- Es sind sichtbare Kräuter und Gräser mit Blättern und Blüten enthalten.
- Die Halme sind 20 bis 30 cm lang oder sogar noch länger.
- Es ist trocken, staub- und schimmelfrei und sollte mindestens sechs Wochen abgelagert sein.
- Die richtige Lagerung ist wichtig: Es darf nicht feucht werden, schimmeln oder von Ungeziefer befallen sein.

- Heu sollte locker verpackt werden und nicht gepreßt sein.
- Das beste Heu ist Alpenheu. Auf jeden Fall sollte es aber von Wiesen stammen, die nicht mit Schadstoffen belastet sind.
- Heu vom ersten Schnitt ist hochwertiger, Heu vom zweiten Schnitt wird als sogenanntes Grummet angeboten.
- Frisches Heu muß duften – so gut, daß man sich am liebsten selbst hineinlegen möchte.

spritzten Bäumen stammen. Es gibt im Handel inzwischen aber auch spezielles Nagerholz zu kaufen.

Gerade Zweige und Äste haben den Vorteil, daß sie Abwechslung in den Speiseplan bringen und die Tiere auch noch etwas arbeiten müssen, um an ihr Futter zu kommen. Außerdem muß es intensiv gekaut werden, was wiederum dem Gebiß zuträglich ist. Um die Sache noch spannender zu machen, kann man die Zweige im Käfig so befestigen, daß die Mümmelmänner sich ordentlich recken oder vielleicht sogar auf ihr Häuschen klettern müssen, um an die begehrten Leckerbissen zu kommen – Futtern und Fitneß in einem.

Frisches Grün aus der Natur

Alle Kaninchen lieben frische, saftige Nahrung. Bei der Erstfütterung von Frischfutter oder der Futterumstellung sollte man nur unbedingt darauf achten, des Guten nicht zuviel zu tun. Zu viel Grünfutter, vor allem, wenn die Tiere es nicht gewohnt sind, kann zu Durchfall, Blähungen und Bauchschmerzen führen. Es gibt leider auch immer wieder Tiere, die einige Grünfutterarten nicht vertragen. Das muß man vorsichtig ausprobieren, indem man anfangs nur kleine Mengen füttert und die Kotbeschaffenheit kontrolliert.

Sammeln Sie Grünfutter für Ihre Kaninchen nie von Wiesen, die an stark befahrenen Straßen liegen, von gedüngten Feldern oder gar „Hundeklowiesen". Nehmen Sie nur die Pflanzen mit, die Sie auch wirklich kennen, und davon nicht mehr als eine Tagesration. Verwelkte oder gar angegorene Pflanzen dürfen Sie Ihren Kaninchen nicht mehr verfüttern.

Frisches Grün aus der Küche

Man muß nicht unbedingt ein begeisterter Kräutersammler sein, um sein Kaninchen mit frischem Grün zu ernähren. Und auch in der Stadt, wo geeignete Wiesen meist selten sind, bietet die Küche Abwechslung in Kaninchens Futternapf. Viele Gemüsesorten, die uns schmecken, bekommen Mümmelmännern ebenfalls sehr gut.

Geeignete Gemüsesorten sind natürlich Möhren, aber auch Kohlrabi, Stangen- oder Bleichsellerie, Fenchel, Salat, Brokkoli, Spinat und Maiskolben. Vorsicht vor allen Kohlsorten: Sie blähen sehr stark. Bei Kopfsalaten darauf achten, daß sie nicht gespritzt sind, und eventuell die besonders nitrathaltigen Rippen entfernen.

Giftig sind rohe Kartoffeln, Kartoffelkeime, Auberginen und Bohnen.

Auch die verschiedenen Küchenkräuter werden sehr geschätzt. Der Renner bei den meisten Kaninchen ist Petersilie. Ob glatt oder kraus, sie wird mit Heißhunger verschlungen. Damit kein Kampf um die Leckerei entsteht, geben Sie jedem Tier ein eigenes Stengelchen. Neben Petersilie werden auch Möhrenkraut, Dill, Liebstöckel (Maggikraut), Kerbel, Majoran und Salbei nicht verschmäht.

An apple a day...

...keeps the doctor away. Dieser schöne Spruch vom täglichen Apfel, der den Arzt arbeitslos macht, gilt auch für Kaninchen – nur geben Sie bitte nicht gleich einen ganzen Apfel. Kaninchen mögen außerdem Birnen, Erd- und Himbeeren. Beerenfrüchte sollten sie jedoch nur wohldosiert bekommen, denn sie können leicht zu Unwohlsein und Bauchschmerzen führen. Auch hier gilt: nur unbehandelte Früchte füttern.

Fertigfutter

Der Zoofachhandel bietet eine riesige Auswahl an fertigen

Trockenfuttermischungen für Zwergkaninchen, z. B. „Grünrollis" aus getrockneter Luzerne und Gemüse oder „Müslimix", in dem auch Haferflocken, Getreideflakes, getrocknetes Gemüse und Obst zu finden sind. Manche dieser Mischungen sind hübsch bunt eingefärbt und sollten den Käufer eher stutzig machen als anlocken. Die Farbstoffe sind in der Regel eher ungesund.

Nicht alles, was lecker aussieht, ist auch tatsächlich gesund. Kaninchen sind eigentlich keine Getreidefresser, vertragen aber einen gewissen Anteil an Getreide im Futter. Achten Sie darauf, daß der Getreideanteil niedrig und der Rohfaseranteil hoch ist. Er sollte mindestens 16 % betragen, der Anteil an Eiweiß dafür aber keinesfalls mehr als 18 %. Zuviel Eiweiß in der Nahrung wird in Fett umgebaut und führt dazu, daß aus Zwergkaninchen dicke kleine Stubenhocker werden.

Eine gute Fertigfuttermischung enthält alles, was ein Kaninchen zum Leben braucht. Wenn Sie dafür sorgen, daß immer genügend Wasser zur Verfügung steht, können Sie die Zwerge alleine mit diesen Mischungen ernähren. Was fehlt, ist dann natürlich die Abwechslung.

Wer sich nach seinem Futter recken muß, tut auch etwas für die schlanke Linie.

47

Mineral- oder Nagerstein

Nagersteine werden oft als der ultimative Nagerkick angepriesen, den Kaninchen unbedingt brauchen. Für die Abnutzung der Backenzähne bringen diese Steine aber nichts und helfen höchstens, die Schneidezähne kurz zu halten. Die enthaltenen Mineralien (Magnesium, Kalzium, Natrium, Chlorid) können bei dicken Kaninchen sogar zur Harnsteinbildung führen. Deshalb möchte ich von diesen Nahrungsergänzungen dringend abraten. Achten Sie auf eine ausgewogene Ernährung, und geben Sie lieber Multivitamintropfen aus dem Zoogeschäft ins Trinkwasser. Heu und Zweige sorgen für Nagespaß und die Abnutzung der Zähne.

Kaninchenfutter gibt es in allen möglichen Variationen.

Ungesunde Dickmacher

Alle zuckerhaltigen Nährstoffe haben in einem Kaninchenmagen nichts verloren. Streng verboten sind Kuchen, Schokolade, Kekse, und auch von Joghurtdrops, süßen Knabberstangen und ähnlichem sollte man die Finger lassen. Geben Sie als Leckerei lieber ein Stengelchen heißgeliebte Petersilie.

Ein Wort noch zum Brot. Fast jeder Kaninchenbesitzer füttert seinen Lieblingen harte Brotkanten in der Annahme, es sei gut fürs Gebiß. Brot enthält aber viele Kohlenhydrate, die wiederum zu Zucker umgebaut werden und dick machen. Außerdem enthält hartes Brot sehr oft Schimmelpilzsporen, die zu Erkrankungen führen können. Lieber ab und zu ein Stück Zwieback oder eine Scheibe Knäckebrot geben.

Richtig füttern

Füttern Sie Ihre Kaninchen regelmäßig, und versuchen Sie sich an feste Futterzeiten zu halten. Wenn die Kaninchen den Napf nie leer fressen, geben Sie weniger. Obst und Gemüsereste nach spätestens einem Tag entfernen. Kontrollieren Sie einmal im Monat das Gewicht, am besten mit Hilfe der Küchenwaage. Ein Durchschnittszwerg wiegt 1 bis 1,5 kg.

Eine knackige Möhre schmeckt Mensch und Kaninchen – Sie dürfen bedenkenlos teilen.

Mümmeln à la carte

So ernähren Sie Ihre Kaninchen gesund und abwechslungsreich

Gutes Heu in einer Raufe und frisches Wasser aus der Trinkflasche sollen stets frei zur Verfügung stehen.

Äste und Zweige zum Benagen sollten im Käfig immer zu finden sein.

Fertigfutter: Ein Kaninchen bekommt pro Tag 3–4 Eßlöffel. Ist das zu viel, am nächsten Tag weniger geben.

Frischfutter: Täglich eine Handvoll Grünfutter. Beliebt ist eine Mischung aus Löwenzahn, Wiesengras, jungen Brennnesseln, wenig Klee, Kamille, Petersilie, Wegerich, Huflattich.

Gemüse: Ersetzen Sie das Grünfutter wahlweise durch 1 Möhre, 1/2 Fenchelknolle, 1/4 Kohlrabi, einige Blätter Spinat oder Salat, 1/2 Stange Bleichsellerie, ein Stück Maiskolben oder 3–4 Brokkoli-Röschen.

Obst: Grünfutter oder Gemüse können Sie auch durch 1/2 Apfel ersetzen, ergänzt durch 1–2 Erdbeeren oder 3–4 Himbeeren.

Leckereien: Gibt es nur einmal pro Woche, z. B. einen Teelöffel Haferflocken, 1 Scheibe Knäckebrot oder Zwieback.

49

Kleiner Rechtsratgeber

Kaufvertrag

Beim Kauf eines Tieres gehen Sie mit dem Verkäufer generell immer einen Kaufvertrag ein. Nun wird beim Kaninchenkauf im Zoofachgeschäft meist kein schriftlicher Vertrag geschlossen, während Züchter schon eher ein solches Schriftstück aufsetzen. Aber auch ohne Unterschrift auf dem Papier ist ein Kauf immer auch ein Vertrag. Stellt sich beispielsweise heraus, daß man ein krankes Tier erworben hat, so kann man als Käufer jederzeit sein Gewährleistungsrecht in Anspruch nehmen. Dies bedeutet, daß man einen Preisnachlaß aushandeln kann oder das Tier zurückgeben darf. Bei Krankheiten ist es natürlich schwierig zu entscheiden, ob das Tier bereits beim Kauf krank war oder nicht. Im Zweifelsfall muß man das vom Tierarzt klären lassen.

Geschäftsfähigkeit

Kinder und Jugendliche bis zum 16. Lebensjahr dürfen ohne die Zustimmung ihrer Eltern kein Tier kaufen. Wenn ein Kind also auf eigene Faust ein Kaninchen kauft, können die Eltern das Tier wieder zurückbringen und müssen das Geld zurückbekommen. Ein solcher Kauf ist nicht rechtsgültig. Verantwortungsbewußte Zoohändler und Züchter verkaufen aber sowieso keine Tiere an Kinder ohne Erwachsenenbegleitung.

Haltung in der Mietwohnung

Ist die Haltung von Kaninchen im Mietvertrag nicht ausdrücklich verboten, so kann man davon ausgehen, daß man ein oder zwei Kaninchen in der Wohnung halten darf. Heimtierhaltung gehört heutzutage zur allgemeinen Lebensführung und kann vom Vermieter eigentlich nicht verboten werden. Anders sieht es natürlich bei der Haltung von mehreren Tieren oder gar einer ganzen Zucht aus.

Natürlich gibt es aber auch Einschränkungen. Entsteht durch die Kaninchenhaltung eine Geruchs- oder sonstige Belästigung der anderen Mitmieter, kann der Vermieter die Tiere verbieten. Für Schäden muß selbstverständlich der Halter aufkommen. Wenn die Käfigeinstreu z. B. in der Toilette entsorgt wird, diese deshalb verstopft und

„Auf dieser Seite gibt es nichts zu fressen? Da gehe ich lieber..."

die Rohre dann aufwendig gereinigt werden müssen, wird der Halter zur Kasse gebeten. In einem solchen Fall darf der Vermieter auch die Abschaffung der Tiere verlangen.

Haltung im Freien

Jedes Bundesland hat unterschiedliche Bestimmungen über die Errichtung von Käfigen im Freien. Dies ist in der jeweils gültigen Bauordnung geregelt. In der Regel ist die Errichtung eines Kaninchenstalles im Garten nicht genehmigungspflichtig, sicherheitshalber sollten Sie sich aber bei der örtlichen Baubehörde erkundigen.

Wenn das Kaninchen stirbt

Das Tierkörperbeseitigungsgesetz schreibt vor, was mit toten Tieren zu tun ist. Wenn man ein eigenes Grundstück besitzt, darf man einen Kleintierkörper dort begraben. Voraussetzung ist aber, daß sich der Garten nicht an öffentlichen Wegen oder im Grundwasserschutzgebiet befindet. Wenn man keinen Garten hat, kann man das Tier auf einem Tierfriedhof begraben. Manchmal kann man aber auch das Tier beim Tierarzt abliefern, der es gegen eine Gebühr abholen läßt.

Artgerechte Haltung, gesunde Ernährung, liebevolle Pflege und viel Bewegung sind die beste Gesundheitsvorsorge. Mit einfachen Mitteln und einem Checkup beim Tierarzt beugen Sie Krankheiten vor. Wenn Sie sich viel mit Ihren Tieren beschäftigen, wird es Ihnen nicht entgehen, falls sich ein Kaninchen einmal nicht wohl fühlt. Dann können Sie mit natürlichen Heilmethoden die Genesung sanft unterstützen.

NATÜRLICH GESUND

So bleiben Kaninchen gesund

Das gesunde Zwergkaninchen

Ein gesundes Zwergkaninchen...

- ist putzmunter, lebhaft und an seiner Umwelt interessiert.
- hat klare, glänzende Augen.
- bewegt sich frei und humpelt nicht.
- putzt sich regelmäßig und ausgiebig.
- hat ein sauberes, glatt anliegendes Fell, das glänzt.
- zeigt eine gedrungene Körperform, ist aber nicht so dick, daß man die Rippen nicht mehr fühlen kann.
- hat saubere Ohren und Augen und ein sauberes Näschen ohne Ausfluß und Verkrustungen.
- hat ein Hinterteil ohne Kotverschmutzungen.
- produziert runde, braune, feste Kotkügelchen, die nicht aneinanderkleben.

- kann problemlos nagen und kauen, sein Gebiß weist keine Fehlstellungen auf.
- hat gerade gewachsene Krallen, die nicht zu lang sind.
- hat eine Körpertemperatur von 38,5 bis 40,0 °C.

Wirkt ein Kaninchen lustlos und träge, brütet es vielleicht eine Krankheit aus.

Gesundheitsvorsorge

Gesunde Ernährung, regelmäßige Pflege und viel Bewegung halten ein Zwergkaninchen gesund und fit. Wenn Sie sich täglich mit Ihren Tieren beschäftigen, wird Ihnen schnell auffallen, wenn einmal etwas nicht stimmt. Nicht nur körperliche Veränderungen sollten Sie als Hinweis auf eine mögliche Erkrankung sehen, auch ein ungewöhnliches Verhalten sollte Sie stutzig machen. Ein Tier, das Petersilie über alles geliebt hat und diese plötzlich verschmäht, sollte Ihre Aufmerksamkeit erregen.

Wenn Sie den Eindruck haben, ein Kaninchen sei krank, müssen Sie nicht unbedingt sofort mit ihm zum Tierarzt, manchmal reicht ein Anruf, um der Sache auf den Grund zu gehen. Die meisten

Tierärzte beraten außerdem, im Gegensatz zu den Humanmedizinern, ihre Kunden am Telefon kostenlos.

Tierarztbesuch

Läßt sich ein Problem nicht so einfach telefonisch lösen, ist ein Besuch beim Tierarzt fällig. Überlegen Sie schon vorher Antworten auf die Fragen, die der Tierarzt stellen wird (siehe Kasten S. 66), so erleichtern Sie ihm die Diagnosestellung.

Wenn Sie Ihr Kaninchen in seinem Käfig zum Tierarzt transportieren, reinigen Sie ihn vorher nicht. Der Doktor wird Sie deshalb nicht für einen unhygienischen Kaninchenhalter halten, denn anhand eines Käfigs mit täglichen Gebrauchsspuren kann er viel leichter herausfinden, was dem Kaninchen fehlt.

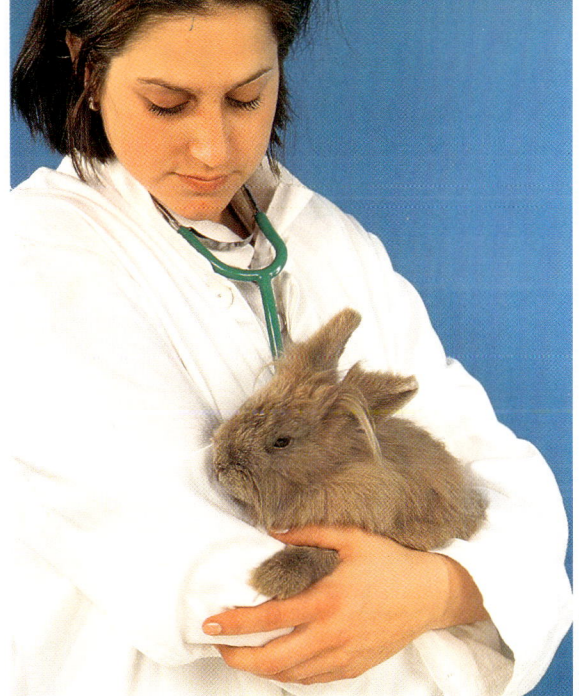

Ein Besuch beim Tierarzt kann Schlimmeres verhüten.

Impfungen

Auch ein Grund für einen Tierarztbesuch und ein wichtiger Bestandteil der Gesundheitsvorsorge für Ihr Kaninchen sind die Schutzimpfungen. Sie sind nicht zwingend notwendig, vor allem nicht, wenn Sie Ihre Tiere im Haus halten und diese keinen Kontakt zu anderen Kaninchen haben. Sie schützen Ihre Tiere aber vor meist tödlich verlaufenden Infektionskrankheiten. Wenn Sie Ihre Kaninchen mit ins Ausland nehmen wollen, kann für den Grenzübertritt und die Wiedereinreise nach Deutschland eine Tollwutschutzimpfung vorgeschrieben sein. Klären Sie das vor der Reise dann mit dem Tierarzt ab.

Ist das Kaninchen gesund, freut sich der Mensch.

gen. Viele gehen an blutigen Durchfällen zugrunde. Zu Beginn der neunziger Jahre forderte diese Krankheit viele Todesopfer unter den Ausstellungskaninchen. Alle Tiere, die auf Ausstellungen gezeigt werden, müssen deshalb geimpft werden. Hat Ihr Kaninchen Kontakt mit fremden Tieren, auch wenn Sie keine Ausstellungen besuchen, empfiehlt sich diese Impfung, die jährlich aufgefrischt werden muß.

Myxomatose ist eine Viruserkrankung, die zu Schwellungen an Augen, Lippen und Genitalschleimhäuten führt und fast immer tödlich endet. In Australien hatte man versucht, mit Hilfe der Erreger einer Kaninchenplage Herr zu werden. Myxomatoseerreger werden durch Stechmücken übertragen, vermehrt tritt diese Krankheit im Juli auf. Es empfiehlt sich, Tiere, die im Freien gehalten werden, auf jeden Fall zu impfen. Auch diese Impfung sollte jährlich wiederholt werden.

Pasteurellose oder **Kaninchenschnupfen**: Manche Züchter und Zoofachhändler lassen ihre Tiere gegen diese Krankheit impfen, erkundigen Sie sich danach vor dem Kauf. Falls Ihr Kaninchen viel Kontakt mit anderen Kaninchen hat, sollten Sie es impfen lassen. Ihr Tierarzt berät Sie gern.

Neben der Tollwut sind es vor allem die folgenden drei Krankheiten, gegen die Kaninchen geimpft werden können.

RHD (Rabbit Haemorragic Disease)oder **Chinaseuche** ist eine sehr ansteckende, tödlich verlaufende Virusinfektion, die durch direkten Kontakt zwischen den Tieren übertragen wird. Die Tiere können sterben, noch bevor sie Symptome zeigen.

Kastration

Wenn man zwei Tiere unterschiedlichen Geschlechts hält, sollte man eines von beiden kastrieren lassen, wenn man nicht gerade Kaninchen züchten will. Auch wenn Sie zwei Rammler halten, kann es erforderlich werden, die beiden „Herren" zu kastrieren, wenn sie sich im Zuge von Rangordnungskämpfen vielleicht sehr stark beißen und gegenseitig verletzen.

Bei einer Kastration entfernt der Tierarzt unter Vollnarkose die Keimdrüsen. Bei männlichen Tieren sind das die Hoden, bei Weibchen die Eierstöcke. Die Entfernung der Eierstöcke ist eine sehr viel aufwendigere und deshalb auch teurere Operation als die Entfernung der Hoden. Wenn Sie also einen Ramm-

ler und eine Häsin haben, lassen Sie lieber das Männchen kastrieren.

Meist werden die Rammler im Alter von 4–5 Monaten kastriert. Wenn es aufgrund heftiger Rangordnungskämpfe nötig wird, kann der Eingriff auch früher durchgeführt werden. Weibliche Tiere sollten bei der Kastration mindestens 6 Monate alt sein.

Kaninchennachwuchs ist zwar süß, aber nicht immer erwünscht.

Krankheiten von A bis Z

Bei diesen Symptomen sofort zum Tierarzt

Inappetenz: Das Kaninchen frißt nicht mehr oder rennt zwar interessiert zum Futternapf, schreckt dann aber vor dem Futter zurück.

Sabbern: Kinn und Wamme des Kaninchens sind ständig feucht.

Durchfall: Der Kot ist nicht mehr zu festen Kügelchen geformt, sondern breiig weich oder gar flüssig. Der Po ist mit Kot verschmiert.

Probleme beim Urinieren: Das Kaninchen sitzt ständig in der Toilettenecke, es scheidet aber immer nur wenige Tropfen Urin aus.

Lahmheit: Das Kaninchen hoppelt nicht mehr und krümmt den Rücken auf.

Fellprobleme: Schuppenbildung oder haarlose Stellen.

Hautprobleme: Rötliche Verkrustungen auf der Haut.

Juckreiz: Das Kaninchen kratz sich ständig.

Teilnahmslosigkeit: Das Kaninchen verkriecht sich nur noch in seinem Häuschen und will nicht mehr herauskommen.

Tränende Augen.

Niesen oder gelblich-grüner Nasenausfluß.

Verkrustete Ohren mit bräunlichem oder weißem, vielleicht auch verkrustetem Sekret.

Starke Abmagerung.

Stumpfes, struppiges Fell.

Häufiges, auffallendes Verdrehen des Kopfes.

Abmagerung

Ursachen für einen Gewichtsverlust gibt es viele. Es können Verdauungsstörungen, Zahnprobleme, Würmer und vieles mehr sein. Denken Sie daran, daß auch psychische Ursachen eine Rolle spielen können, z. B., wenn ein Tier sehr unter der Dominanz des anderen leidet.

Augenentzündungen

Zu allererst sollte man kontrollieren, ob sich nicht ein Stückchen Heu oder ein anderer Fremdkörper hinter dem Lid festgesetzt hat. Ein harter Gegenstand kann das Auge reizen und dazu führen, daß es tränt, sich entzündet, eitert oder verschlossen gehalten wird. Tränende Augen können auch ein Anzeichen für Kaninchenschnupfen oder Zahnprobleme sein. Probleme mit den Augen sind immer ein Fall für den Tierarzt und müssen behandelt werden.

Blasenentzündungen

Wenn ein Kaninchen rötlichen Urin absetzt, muß der Grund dafür nicht immer Blut sein. Bei sehr karotinhaltigem Futter wie rote Beete oder Karotten kann sich der Urin auch rot verfärben. Auch schmierig-schlieriger, trüber Urin muß kein Krankheitszeichen sein. Wenn sich das Kaninchen aber dauernd in seine Toilettenecke setzt und nur einige Tröpfchen herausgepreßt werden, sollten Sie zum Tierarzt gehen, wahrscheinlich hat das Kaninchen eine Blasenentzündung. Nicht selten können Blasenentzündungen auch durch Blasensteine verursacht werden.

Blasensteine

Bei Kaninchen kommen Blasensteine relativ häufig vor. Schuld sind Überfütterung und ein zu mineralstoffreiches Futter. Deshalb das Gewicht kontrollieren und keine Minerallecksteine verwenden. Die Krankheitsanzeichen sind dieselben wie bei der Blasenentzündung. Blasensteine müssen vom Tierarzt operativ entfernt werden.

Blutungen

Egal aus welchen Körperöffnungen ein Kaninchen blutet, es ist immer ein Alarmzeichen und muß tierärztlich versorgt werden. Kontrollieren Sie aber, woher die Blutung kommt, ein rotes Urintröpfchen muß nicht unbedingt eine Blasenentzündung sein.

Durchfall

Durchfall kann viele verschiedene Ursachen haben, von Infektionen bis zu verdorbenem Futter oder einem zu hohen Grünfutteranteil sind viele Ursachen mög-

Ein kerngesunder Zwerg mit klarem wachem Blick.

Die Behandlung beim Tierarzt ist schnell überstanden.

lich. Auch Würmer können die Ursache sein. Zunächst einmal den Käfig reinigen und frisch einstreuen. Dann dem Kaninchen Kamillen- oder Schwarztee anbieten und eine Diät aus Heu, Zwieback und Knäckebrot. Unterstützend können Sie Bachblüten oder homöopathische Mittel geben. Ist der Durchfall nach zwei Tagen nicht vorbei, gehen Sie zum Tierarzt.

Endoparasiten

Schmarotzer, die im Körper eines Tieres wohnen, nennt man Endoparasiten. Meist sind Würmer damit gemeint. Der Wurmbefall kann, wenn man nicht zufällig Würmer im Kot sieht, meist nur mittels einer Kotuntersuchung beim Tierarzt diagnostiziert werden. Hinweise auf Endoparasiten können Dauerdurchfälle, aufgetriebener Bauch und Abmagerung sein.

Ektoparasiten

Ektoparasiten sind Schmarotzer, die auf den Tieren leben. Dazu gehören Flöhe, Läuse, Haarlinge, Milben, Zecken und Ohrmilben. Sie lösen meist Juckreiz mit Schuppen und Krustenbildung aus. Entweder mit einem Mittel aus dem Zoogeschäft behandeln, besser aber vom Tierarzt die genaue Diagnose stellen lassen und gezielt behandeln.

Ekzeme

Ekzeme können von Ektoparasiten hervorgerufen werden, aber auch bakteriell oder pilzbedingt sein. Sie sollten vom Tierarzt untersucht werden. Bei Hautpilzen ist besondere Vorsicht geboten, denn sie sind auf den Menschen übertragbar, und gerade Kleinkinder sind besonders anfällig. Wird ein Hautpilz bei einem Kind diagnostiziert, sollte man den Hautarzt über die Tierhaltung informieren und die Kaninchen untersuchen lassen.

Haarausfall

Im Herbst und Frühjahr findet der normale saisonale Fellwechsel statt. Die Kaninchen können exzessiv haaren und müssen dann besonders intensiv geburstet werden. Haarausfall am Bauch oder Hals kann bei Häsinnen auf eine Trächtigkeit oder Scheinträchtigkeit hinweisen, weil sie sich die Haare ausrupfen und ein Nest bauen.

Hitzschlag

Kaninchen sind sehr hitzeempfindlich. Ein Kaninchen, das flach atmend am Boden kauert, in ein feuchtes Tuch wickeln und sofort in den Schatten bringen.

Kaninchenschnupfen

Diese meist durch Bakterien verursachte Krankheit ist sehr ansteckend und endet häufig tödlich. Viele Tiere sind Bakterienträger, ohne selbst zu erkranken. Kaninchenschnupfen bedarf immer einer Behandlung mit Antibiotika. Gegen bestimmte Schnupfenerreger gibt es aber die Möglichkeit einer Schutzimpfung (siehe S. 56).

Pilzerkrankungen

Am häufigsten sind Hautpilze. Sie treten meist um die Nase, die Augen oder am Mund auf. Da die Temperatur am Kopf am höchsten und der Bereich um die Schleim-

Wenn der Zwerg sich nur noch versteckt, fühlt er sich vielleicht nicht wohl.

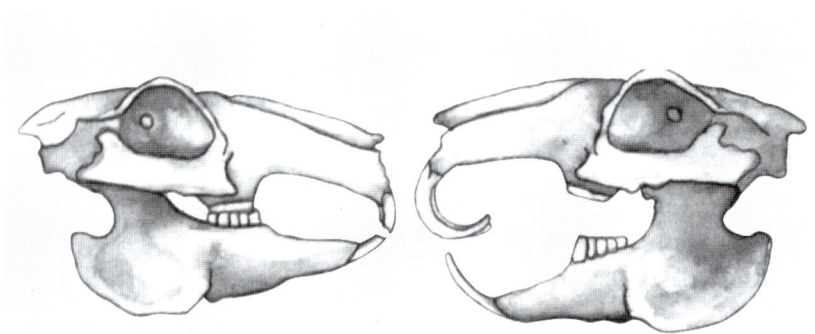

Normale Zahnstellung beim Kaninchen (links) und zu lange Schneidezähne, die der Tierarzt unbedingt einkürzen muß (rechts).

häute auch immer etwas feucht ist, gedeihen Hautpilze in diesen Regionen am besten. Die Veränderungen sind oft kreisrunde, rötliche, juckende schuppige Stellen. Gehen Sie auf jeden Fall zum Tierarzt, vor allem, weil Hautpilze auf den Menschen übertragbar sind. Vor allem Kinder sollten sich gut die Hände waschen, wenn ein Kaninchen daran erkrankt ist, und am besten den Kontakt zum erkrankten Tier einschränken.

Seit kurzer Zeit gibt es aber auch einen Impfstoff gegen Hautpilze, der sowohl zur Vorbeugung als auch zur Heilung eingesetzt werden kann.

Trommelsucht

Bei Verdauungsstörungen, die mit starker Luftfüllung des Magens und/oder des Darmes einhergehen, spricht man von Trommelsucht. Das Kaninchen ist dick, der Bauch angespannt, es atmet schnell, frißt nicht und krümmt den Rücken auf. Dieser Zustand wird durch Magenüberladung, falsche Ernährung, gärendes Futter oder Haarballenbildung im Magen hervorgerufen und muß sofort vom Tierarzt behandelt werden, da das Tier schnell daran sterben kann.

Tumoren

Jede plötzlich auftretende Verdickung sollte vom Tierarzt kontrolliert werden. Viele Kaninchen haben harmlose Abszesse, die aber wie Tumoren aussehen. Nur der Tierarzt kann erkennen, um was es

sich handelt, und die richtige Behandlung empfehlen.

Zahnprobleme

Leider sind Zahnprobleme bei Zwergkaninchen ein sehr häufiges Problem. Viele Tiere sind mit Zahnfehlstellungen behaftet, die zu überlangem Zahnwachstum und Hakenbildung führen können. Man nimmt an, daß diese Gebißprobleme mit dem Zwergwuchsgen gekoppelt sind (siehe S. 6).

Jede Veränderung im Freßverhalten, tränende Augen, übermäßiges Speicheln oder ein nasses Kinn sind Alarmzeichen. Leider sind die

Es gibt Krankheiten, die von Kaninchen auf Meerschweinchen übertragen werden können.

Backenzähne bei Kaninchen nicht gut zugänglich und können nur vom Tierarzt mit einem speziellen Gerät untersucht werden. Das heißt, selbst wenn die Schneidezähne in Ordnung sind, kann das Tier Probleme mit seinen Backenzähnen haben. Deshalb die Zähne regelmäßig vom Tierarzt kontrollieren lassen. Sind die Zähne zu lang gewachsen, wird er sie kürzen. Meist ist dafür eine Vollnarkose erforderlich, denn die Mundhöhle der Kaninchen ist sehr schwer zugänglich. Außerdem wehren sich die Tiere gegen die Manipulation, so daß die Gefahr besteht, daß man Zunge oder Kehlkopf bei Abwehrbewegungen der Tiere verletzt.

Leider sind diese Fehlstellungen nicht heilbar, und die Behandlun-

gen müssen meist in regelmäßigen Abständen wiederholt werden. Aus diesen Zahnproblemen können sich auch sehr schmerzhafte, schwer zu behandelnde Abszesse im Kieferknochen, meist im Unterkiefer, entwickeln. Es ist deshalb sehr wichtig, daß Sie immer auf die Zähne der Kaninchen achten, um rechtzeitig eine Behandlung beginnen zu können und dem Tier unnötige Schmerzen zu ersparen.

Kleinere Hautverletzungen können mit etwas Heilsalbe betupft werden.

Frisches Grün schmeckt ausgezeichnet und ist zudem vitaminreich und gesund.

Übergewicht

Neben den beschriebenen Krankheiten gibt es aber auch Erkrankungen, die durch falsche Haltung hervorgerufen werden. Am häufigsten ist dies Übergewicht. Die Kaninchen werden übermäßig gefüttert und erhalten gleichzeitig zu wenig Bewegung. Ein durchschnittlicher Zwerg sollte nicht mehr als 1,5 kg wiegen. Die Tiere werden dabei nicht nur zu dick, sie leiden vor allem auch unter verschiedenen Folgeerscheinungen. Bei Übergewicht neigen sie vermehrt zu Blasensteinen und haben auch häufiger Verdauungsprobleme. Außerdem können die Tiere, bedingt durch ihr hohes Gewicht, wunde Läufe und Geschwüre an den Ballen bekommen.

Zur Gewichtsreduktion darf man keinesfalls einfach einen Fastentag

Checkliste: Vor dem Tierarztbesuch notieren

- ○ Wie alt ist das Tier?
- ○ Männchen oder ein Weibchen?
- ○ Woher stammt das Kaninchen?
- ○ Wie lange lebt es schon bei Ihnen?
- ○ Wie wird das Kaninchen ernährt?
- ○ Wie wird es gehalten: einzeln, als Pärchen oder in einer größeren Gruppe, im Haus oder draußen?
- ○ Hatte es Kontakt zu anderen Tieren?
- ○ Was ist der Grund für Ihren Besuch?
- ○ Welche Symptome haben Sie beobachtet?
- ○ Hat das Kaninchen gefressen und getrunken? Was?
- ○ Wie sehen Kot und Urin aus? Kotprobe mitbringen.
- ○ Hat das Kaninchen Freilauf im Haus oder im Garten?
- ○ Kann es sich dabei verletzt oder etwas Giftiges gefressen haben?

einlegen, denn Kaninchen müssen, wie schon beschrieben, immer fressen, damit die Verdauung in Gang bleibt. Deshalb am besten das Fertigfutter stark reduzieren oder ganz weglassen. Geben Sie ihm nur wirklich gutes Heu zur freien Verfügung, und achten Sie darauf, daß immer frisches Wasser vorhanden ist.

Parallel zur Diät kann man mit dicken Kaninchen ein Trainingsprogramm durchführen, um die Speckröllchen zu bekämpfen. Spielen Sie während des Freilaufs viel mit ihnen und denken Sie sich interessante Trimmgeräte aus, die die Zwerge auf Trab bringen. Hängen Sie das Futter im Käfig hoch, so müssen sich die Dickerchen wie in der freien Wildbahn das Futter richtig erarbeiten (siehe S. 82)

Patient Kaninchen

Ein krankes Tier braucht Ruhe und Pflege, deshalb sollte es immer von den anderen getrennt werden. In vielen Fällen ist es wichtig zu beobachten, ob Kot und Urin sich verändern. Das geht bei mehreren Tieren kaum. Falls kein Extrakäfig vorhanden ist, kann man den Käfig mit einem Brett teilen, ein krankes Tier bewegt sich sowieso weniger und kommt vorübergehend mit weniger Platz aus.

Halten Sie sich an die Anweisungen des Tierarztes. Falls es Schwierigkeiten bei der Medikamenteneingabe gibt, diese nicht eigenmächtig absetzen, denn viele Krankheiten werden durch eine zu früh abgebrochene Therapie nur noch schlimmer. Lieber zusammen mit dem

Tierarzt nach einer anderen Therapieform suchen. Ein Trick, wie man dem kleinen Patienten die Medizin schmackhaft machen kann: einfach mit Fruchtzwergequark mischen, viele Tiere fressen diese Mischung gern – vor allem Geschmacksrichtung Aprikose oder Banane. Der Quark eignet sich auch gut, wenn ein Kaninchen nicht freiwillig frißt oder nach einer Zahnbehandlung, wenn das Tier Schmerzen in der Mundhöhle hat.

Senior-Kaninchen

Wie alle alten Tiere haben auch alte Kaninchen ein erhöhtes Ruhebedürfnis. Mit ungefähr 5 Jahren ist ein Zwergkaninchen alt. Es will lieber in seinem Käfig bleiben und hoppelt auch im Garten weniger umher. Füttern Sie weniger, dafür leicht verdauliches Futter.

Regelmäßige Gewichtskontrolle warnt vor Übergewicht.

Bei vielen alten Kaninchen läßt die Sehkraft nach, und sie werden schreckhafter. Vielleicht haben sie auch mehr Probleme beim Fellwechsel und der täglichen Fellpflege, denn sie sind nicht mehr so gelenkig wie junge Tiere. Deshalb muß man alte Tiere besonders intensiv bürsten – sie genießen diese wohltuende Massage ganz besonders – und auch darauf achten, daß der Po sauber ist. Notfalls kann man ihn mit einer milden Kamillenlösung abwaschen.

Alte Tiere sind generell empfindlicher und werden schneller krank. Setzen Sie auch kein junges Tier mehr dazu, denn es kann mit seinem jugendlichen Übermut dem „alten Hasen" ganz schön zusetzen.

Wenn ein Kaninchen stirbt

Jeder wünscht seinem Kaninchen natürlich einen ruhigen, schmerzlosen Tod am Ende seines Lebens. Leidet ein altes Tier aber unter Krankheiten, die man nicht heilen kann und die ihm Schmerzen bereiten, müssen Sie überlegen, ob es eingeschläfert werden soll. Dies ist keine leichte Entscheidung, die Sie mit der ganzen Familie, vor allem auch mit den Kindern, und zu guter Letzt mit dem Tierarzt besprechen sollten.

Hinterläßt das verstorbene Tier einen trauernden Artgenossen, überlegen Sie sich, ob Sie nicht einen zweiten „Rentner", z. B. aus dem Tierheim, dazusetzen, um ihm die Einsamkeit zu ersparen.

Sanfte Heilkraft aus der Natur

Gesund mit Naturheilverfahren

Heilmethoden, die neben der klassischen Schulmedizin auch auf dem tierärztlichen Sektor angewandt werden, nehmen einen zunehmend breiteren Raum bei der Therapie von Haustieren ein. Alternative Medizin und Naturheilverfahren berücksichtigen die Tatsache, daß neben einer organischen Ursache für eine Krankheit auch die seelische Verfassung eine Rolle spielt. Wie schon die alten Römer feststellten, lebt ein gesunder Geist in einem gesunden Körper: „Mens sana in corpore sane."

Man darf nicht vergessen, daß sanfte Naturheilverfahren die klassische Schulmedizin nicht völlig ersetzen können. Sie bieten aber vor allem bei chronischen Krankheiten eine sinnvolle Ergänzung und Unterstützung der herkömmlichen Therapie.

Homöopathie

Die Grundsätze der Homöopathie wurden von Samuel Hahnemann im 19. Jahrhundert entwickelt und haben sich seither nicht mehr verändert. Hahnemann stellte die „Simile-Regel" auf, die besagt, daß Ähnliches mit Ähnlichem behandelt werden sollte. Ein Beispiel: Schwefel in größeren Mengen führt zu Hautentzündungen, in homöopathischen Dosen jedoch vermag er solche zu heilen. Die Symptome, die ein Mittel in hohen Dosen auslöst, werden Arzneimittelbild genannt. Die Symptome, die ein krankes Tier zeigt, müssen dem Arzneimittelbild des Heilmittels ähnlich sein. Die Homöopathie berücksichtigt außerdem verschiedene Konstitutionstypen, das heißt, bei

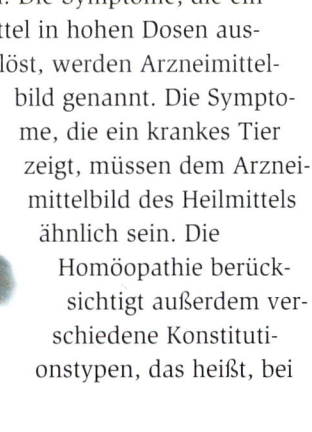

Kleine homöopathische Hausapotheke

Homöopathikum	Wirkung, Anwendung, Potenz
Arnika montana (Bergwohlverleih)	Desinfizierend, adstringierend, entzündungshemmend. Bei Prellungen, Blutergüssen, Quetschungen, Verstauchungen. Arnika LM12
Belladonna (Tollkirsche)	Entzündungshemmend, fiebersenkend. Bei Lungenentzündung, fieberhaften Infekten, Aggressivität. Belladonna LM6
Bryonia (Zaunrübe)	Schleimlösend, hustenlindernd. Bei Lungenentzündung, Husten, Rheumatismus. Bryonia LM12
Calendula (Ringelblume)	Desinfizierend, entzündungshemmend, durchblutungsfördernd. Bei Wunden, Abszessen, Hautekzemen, Insektenstichen. Calendula LM6
Euphrasia (Augentrost)	Entzündungshemmend. Bei Lidbindehautentzündung, Hornhautentzündung, Entzündung des Tränenkanals. Euphrasia D3 zur Augenspülung: 10 Tropfen auf 1/2 Glas warmes Wasser.
Hepar sulphuris (Kalkschwefelleber)	Bei allen eitrigen Entzündungen, Abszessen, Ekzemen, verdickten Lymphknoten. Hepar sulfuris C30
Nux vomica (Brechnuß)	Bei Magen-Darm-Störungen, Koliken, Verstopfungen. Nux vomica C3
Platinum (Platin)	Bei Eifersucht, übermäßigem Geschlechtstrieb. Platinum C3
Sulfur (Schwefelblüte)	Entzündungshemmend. Bei Hautentzündungen, morgendlichen Durchfällen, Verstopfung, stärkend nach überstandenen Erkrankungen. Sulfur LM12
Dosierung	Tropfen: 3 x täglich 1–4 Tropfen Globuli: 3 x täglich 2 Globuli Talbetten: 3 x täglich 1/2 Tablette

der gleichen Krankheit helfen unterschiedlichen Tieren unterschiedliche Medikamente. Die homöopathische Therapie erfordert also eine genaue Kenntnis des zum jeweiligen Tier passenden Arzneimittelbildes. Die Auswahl des passenden Medikaments sollte deshalb nur ein erfahrener Therapeut treffen.

Der Vorteil der Homöopathie gegenüber der klassischen Schulmedizin ist, daß sie dem Organismus hilft, sich selbst zu heilen. Sie ist eine aktive Medizin, die die Abwehrkräfte des Körpers anregt und fördert und so die Ursachen einer Krankheit und nicht nur deren Symptome bekämpft.

Homöopathische Arzneimittel werden aus Pflanzen, tierischen Bestandteilen und Mineralien gewonnen. Die Ausgangssubstanz, die „Urtinktur", wird nach einem festgelegten Verfahren mit Alkohol verdünnt. Diese sogenannte Potenzierung erfolgt in Zehnerschritten. Die Dezimalpotenz D1 enthält dann z. B. einen Teil Urtinktur und neun Teile Lösungsalkohol (1:10). Bei der Therapie von kleinen Haustieren wie Zwergkaninchen werden häufig auch C- und LM-Potenzen eingesetzt (1:100 bzw. 1:50.000).

Mit Homöopathie schnell wieder fit.

●● ● PROFITIP ●●
Expertin
Dr. med. vet. B. Rakow

Nux vomica bei Blähungen
Kaninchen neigen zu Blähungen, z. B. wenn sie zu viel frisches Gras oder Grünfutter gefressen haben, oder auch, wenn man ihnen nicht artgerechtes Futter wie z. B. Süßigkeiten gegeben hat. In solchen Fällen hilft oft schnell und sicher Nux vomica, die Brechnuß. Bewährt hat sich Nux vomica D6. Hiervon gibt man 2–3 mal täglich 1/4 Tablette oder 2–3 Globuli. Lösen Sie das Mittel am besten auf einem Plastiklöffel in wenig Wasser auf, ziehen es in eine Einmalspritze auf und geben es ein.

Expertin
Gisela Kraa

Tropfen auf die Haut

Es ist nicht immer einfach, einem Kaninchen Medikamente einzugeben, besonders nicht in einer Notfallsituation, wenn es schnell gehen soll. Wollen Sie Ihrem Kaninchen z. B. nach einem Unfall mit Rescue-Tropfen helfen, so müssen Sie ihm diese nicht unbedingt ins Maul geben. Massieren Sie die Tropfen an einer gut zugänglichen Stelle in die Haut ein. So ersparen Sie dem Tier weiteren Streß.

Bach-Blüten-Therapie

Der englische Arzt Dr. Edward Bach begründete diese Therapie etwa 1935. Dabei griff er auf uraltes, überliefertes Wissen der Kelten zurück, die Blüten zu medizinischen Zwecken einsetzten. Bach ordnete und katalogisierte die Blüten und entwickelte daraus die nach ihm benannte Therapie. Wie auch die Homöopathie berücksichtigt diese Therapieform den Zusammenhang zwi-

schen Seele und körperlicher Verfassung.

Das Bach-Blüten-System besteht aus wäßrigen Auszügen von 37 Blüten, Kräutern und Sträuchern sowie aus dem Wasser einer heilkräftigen Quelle. Jede der von 1 bis 39 durchnumerierten Essenzen enthält jeweils nur den Auszug aus einer einzigen Pflanze, Ausnahmen sind lediglich Nr. 27, Rock Water, das reines Quellwasser enthält, und Nr. 39, Rescue Remedy, das eine Mischung aus fünf Blüten darstellt.

Für die Auszüge werden die Pflanzen bei sonnigem Wetter gepflückt und in eine Schale mit Was-

Ausgewählte Schlüsselsymptome

Symptome	Hilfreiche Bach-Blüten
Aggressive, eifersüchtige Kaninchen, die gerne angreifen.	Nr. 3 Beech, Nr. 6 Cherry Plum, Nr. 15 Holly, Nr. 32 Vine
Schüchterne, unterdrückte, unterwürfige Kaninchen.	Nr. 4 Centaury, Nr. 5 Cerato, Nr. 15 Gentian, Nr. 19 Larch
Sehr anhängliche Kaninchen, die Probleme mit ihren Artgenossen haben.	Nr. 7 Chestnut Bud, Nr. 10 Crab Apple, Nr. 14 Heather, Nr. 25 Red Chestnut
Antriebsschwache, müde Kaninchen.	Nr. 9 Clematis, Nr. 11 Elm, Nr. 13 Gorse, Nr. 23 Olive, Nr. 37 Wild Rose
Kaninchen, die sich schwer auf geänderte Lebensumstände einstellen.	Nr. 23 Walnut, Nr. 27 Rock Water, Nr. 29 Star of Bethlehem, Nr. 16 Honeysuckle
Hyperaktive, zerstörerische Kaninchen.	Nr. 31 Vervain, Nr. 18 Impatiens, Nr. 32 Vine, Nr. 36 Wild Oat
Für alle Streß- und Notfallsituationen	Nr. 39 Rescue Remedy

ser gelegt. Dort bleiben sie einige Zeit, damit die Sonnenenergie ihr „Seelenpotential" auf das Wasser übertragen kann. Die wäßrigen Essenzen werden dann mit Alkohol konserviert und in kleine Fläschchen abgefüllt. Für die Anwendung verdünnt man dieses Konzentrat: Auf 10 ml eines Gemisches aus 3 Teilen Wasser und 1 Teil Alkohol kommen 2 Tropfen Konzentrat.

Die Notfall-Tropfen enthalten 1. Cherry Plum, 2. Clematis, 3. Impatiens, 4. Rock Rose und 5. Star of Bethlehem.

Wohlbefinden durch TTouch

Die Amerikanerin Linda Tellington-Jones hat einen neuen Weg im Umgang mit Tieren begründet: der Tellington Touch, auch TTouch genannt. Es handelt sich dabei um ein System von sanft kreisenden Berührungen auf der Haut, die mit verschiedenen Griffen in unterschiedlicher Intensität ausgeführt

Wann sind TTouches sinnvoll?

- Zur Unterstützung beim Eingewöhnen und Zähmen des Zwergkaninchens,
- Vor dem Zusammenbringen mit anderen Tieren,
- Zur Beruhigung vor Tierarztbesuchen,
- Während der Behandlung beim Tierarzt,
- Um das Aufwachen aus einer Narkose zu erleichtern,
- Nach Erkrankungen und Verletzungen,
- Nach Hitzschlag, Schock, Schreck und anderen traumatischen Erlebnissen (Stürze usw.),
- Zur Beruhigung vor Ausstellungen,
- Zur Linderung von Angstzuständen,
- Zur Förderung der geistigen und körperlichen Beweglichkeit.

werden. Dazu kommen streichende Berührungen, insbesondere an den Ohren (die sog. Ohrenarbeit). Unterstützt werden diese Berührungen durch das Sprechen mit beruhigender Stimme, wodurch die eigene Atmung ruhig und gleichmäßig wird. Dies trägt dazu bei, eine tiefere Verbindung zu dem Tier aufzubauen.

Die kreisenden TTouches aktivieren neue Nervenbahnen und Gehirnzellen. Alle Tiere profitieren davon in vielfältiger Weise: Ängste und Verspannungen werden abgebaut, eingefahrene Verhaltensmuster aufgebrochen, Beschwerden gelindert und körpereigene Kräfte aktiviert. Der TTouch vertieft außerdem die körperliche und seelische Beziehung zwischen Mensch und Tier auf eine ganzheitliche Weise.

Auch bei Zwergkaninchen kann der TTouch erfolgreich angewendet werden: zur allgemeinen Steigerung des Wohlbefindens, zur Intensivierung der Beziehung, unterstützend bei Unpäßlichkeiten oder emotionalen Belastungen und begleitend zu einer medizinischen Therapie. Vielfältige Erfahrungen haben gezeigt, daß die Zwergkaninchen den TTouch genießen sobald sie ihn einmal kennengelernt haben. Manche Tiere fordern ihn sogar mit leichten Nasenstupsern geradezu ein.

Und so wird's gemacht: Zuerst wird das Zwergkaninchen sanft von vorn nach hinten abgestrichen. Dann macht man mit den Fingerspitzen behutsam kleine kreisende Bewegungen überall auf dem Körper des Tieres. Dabei wird die Haut in einem winzigen 1–1/4 Kreis im Uhrzeigersinn herumgeschoben, jeder Kreis von 6:00 bis 9:00 auf einer imaginären Uhr. Die Kreise verteilt man über den Körper, die Ohren und die Beine: Man macht einen Kreis, gleitet auf dem Fell weiter, macht wieder einen Kreis usw.

Bei scheuen Zwergkaninchen empfiehlt es sich, die TTouches zunächst mit zwei möglichst großen Federn zu machen, und zwar mit so viel Druck, daß es dem Lecken der Zwergkaninchenzunge gleichkommt. Wenn sich ein inniges Vertrauensverhältnis aufgebaut hat, wird das Tier auch die TTouches mit der Hand als angenehm empfinden und sogar genießen.

Ausführliche Informationen über die Anwendung und segensreiche Wirkung des TTouches sind in dem Buch „Der neue Weg im Umgang mit Tieren" von Linda Tellington-Jones enthalten. Sie vermittelt den TTouch (für Pferde, Hunde, Katzen) auch in Deutschland in Vor-

Die Ohren-TTouches wirken beruhigend und können die Heilung unterstützen.

trägen und Seminaren (die Kontaktadresse finden Sie in der hinteren Umschlagklappe).

●● PROFITIP ●●

von TTouch-Expertin Linda Tellington-Jones

Jeder kann es lernen

„Ich rede mit den Tieren mit beruhigender Stimme und dehne die Worte wie „guuut". Das verlangsamt automatisch die Atmung und Bewegung und macht mich sicher. Das Tier spürt das und spiegelt meine Sicherheit wider. Spannungen bauen sich ab."

Erste Hilfe für Zwergkaninchen

Bewahren Sie Ruhe

Die wichtigste Regel bei Notfällen aller Art, auch wenn es schwerfällt, ist: Ruhe bewahren. Durch hektisches, unbesonnenes Herumrennen verbessern Sie die Situation keinesfalls und helfen Ihrem Kaninchen nicht. Erfahrungsgemäß passieren die meisten Unfälle nachts oder am Wochenende, wenn der Tierarzt gerade keine Sprechstunde hat. Deshalb sollten Sie wissen, wie der Nacht- und Wochenenddienst Ihres Tierarztes geregelt ist. Fragen Sie ihn schon bei einer Routineuntersuchung danach, das gibt Ihnen im Notfall Sicherheit.

Unfall, Verletzungen

Nach einem Unfall prüfen Sie zunächst, ob das Kaninchen bei Bewußtsein ist und kontrollieren Puls und Atmung (siehe Kasten). Das verunfallte Tier am besten in ein kleines Körbchen, einen Schuhkarton oder eine kleine Plastikwanne auf ein Tuch legen. Sorgen Sie dafür, daß das Kaninchen nicht plötzlich fluchtartig nach oben aus dem Behältnis springen kann und sich dabei noch mehr verletzt.

Kleinere Wunden können Sie zunächst, falls notwendig mit etwas Desinfektionsmittel, mit einem nicht fusselnden Tuch reinigen. Wenn Sie kein Desinfektionsmittel zur Hand haben, tut es auch klares Wasser. Bitte tragen Sie auf keinen Fall Salbe auf die Wunde auf, sie verklebt die Haare und ist für den Tierarzt schwierig wieder zu entfernen. Und er braucht ja freie Sicht auf die Verletzung. Bei größeren Wunden mit starken Blutungen legen Sie einen Druckverband an, bevor Sie zum Tierarzt fahren (siehe Kasten).

Knochenbrüche sind bei Kaninchen recht häufig. Meist sind die Hinterbeine oder das Becken betroffen. Ein Bruch muß natürlich immer tierärztlich versorgt werden. Versuchen Sie bitte nicht, ein merkwürdig abstehendes Beinchen zu schienen. Sie können Ihrem Tier dabei ziemlich weh tun. Es macht dann Abwehrbewegungen und zappelt herum, so daß die Sache nur noch schlimmer wird. Setzen Sie es nur vorsichtig in ein Transportbehältnis, in dem es sich nicht allzusehr bewegen kann, und rufen Sie Ihren Tierarzt an.

Vergiftungen

Haben Sie den Verdacht, daß Ihr Kaninchen etwas Giftiges gefressen hat, nehmen Sie den Stoff oder Teile der Pflanze, die Sie in Verdacht haben, immer mit zum Tierarzt. Er kann sich so ein besseres Bild von der vorliegenden Vergiftung machen und besser entscheiden, wie gefährlich die Situation ist und was getan werden muß.

Insektenstiche

Vor allem Kaninchen, die viel im Freien sind, werden manchmal von Insekten gestochen. In diesem „Notfall" brauchen Sie selten tierärztliche Hilfe. Am besten, Sie kühlen die Stelle mit einem kleinen Eisbeutel. Spezielle Insektenstichsalbe hilft meist nicht, da sie durch das Haarkleid gar nicht bis auf die Haut gelangt. Zeigt das Kaninchen jedoch allergische Reaktionen oder wurde es in den Mund gestochen, so daß durch die Schwellung Erstickungsgefahr besteht, müssen Sie mit dem kleinen Patienten zum Tierarzt.

Erste Hilfe für Kaninchen

■ Halten Sie für Nofälle die Telefonnummer des Tierarztes oder des Tierärztlichen Notfalldienstes bereit.

■ Nähern Sie sich dem Kaninchen ruhig und vorsichtig, um keine Abwehr- oder Fluchtreaktionen zu provozieren.

■ Ein bewußtloses Kaninchen auf die Seite legen und den Kopf strecken, damit die Atemwege frei bleiben.

■ Kontrollieren Sie die Atmung, indem Sie eine Hand auf den Brustkorb legen.

■ Den Herzschlag ertasten Sie auf der linken Brustseite hinter dem Ellenbogen.

■ Bei schweren Blutungen einen Druckverband anlegen, aber nicht abbinden. Verwenden Sie Mullkompressen oder ein sauberes Tuch, niemals Watte, die Sie mit einer elastischen Binde fixieren.

■ Melden Sie sich nach der Erstversorgung telefonisch beim Tierarzt an. So vermeiden Sie lange Wartezeiten, aber auch, daß Sie in der Praxis vielleicht gerade niemanden antreffen.

■ Auch wenn es im Notfall schwerfällt: Bewahren Sie Ruhe, und gehen Sie besonnen vor.

In der freien Natur sind Kaninchen wahre Hoppelweltmeister. Sie rennen blitzschnell um Kurven, schlagen Haken, trommeln mit den Hinterbeinen und verschwinden in ihrer Höhle. Außerdem sind sie auch recht geschickte Kletterer und können dank ihrer kräftigen Hinterbeine gut springen. Befriedigen Sie den Bewegungsdrang Ihrer Zwerge durch immer neue Spielideen beim Freilauf.

SPIEL & SPASS

Freilauf

Bewegung hält fit

Kaninchen brauchen ausreichende Bewegung, wenn sie sich wohl fühlen und gesund bleiben sollen. Als Kaninchenhalter müssen Sie dafür sorgen, daß Ihre Hoppler ihren Bewegungsdrang befriedigen können. Selbst ein sehr geräumiger Käfig reicht dafür alleine natürlich nicht aus. Also nichts wie raus!

Am schönsten ist Bewegung an der frischen Luft in einem großen Freigehege (siehe S. 91). Doch nicht jeder kann seinem Kaninchen diesen Luxus bieten. Aber auch in der Wohnung kann es außerhalb des Käfigs hoch hergehen. Wichtig ist dabei nur, daß für die Sicherheit der Tiere gesorgt ist (siehe S. 36) und alles, was nicht benagt werden soll, aus der Reichweite ihrer scharfen Zähne gebracht wird.

Stubenreinheit

Natürlich möchten Sie nicht, daß Ihre Kaninchen in der ganzen Wohnung ihre Spuren hinterlassen. Während die kleinen Kotkügelchen ganz einfach im Staubsauger verschwinden können, sind Urinpfützen schon etwas aufwendiger zu beseitigen. Doch keine Sorge: Grundsätzlich kann man nämlich durchaus davon ausgehen, daß man seine neuen Mitbewohner zur Stubenreinheit erziehen kann. Es kann natürlich sein, daß es nicht auf Anhieb klappt – manche brauchen eben etwas länger – dann ist Ihre Geduld gefragt.

Kaninchen sind bestrebt, ihren Käfig möglichst sauber zu halten und benutzen deshalb immer nur eine Ecke, um dort ihr „Geschäft" zu verrichten. Diesen Trieb kann man bei der Erziehung zur Stubenreinheit nutzen. Wenn sie die Tiere aus dem Käfig lassen, stellen Sie eine Kaninchentoilette in der Nähe des Käfigs auf. Solange sie ihre Umgebung noch nicht sehr gut kennen, entfernen sie sich nicht sehr weit von ihrem „Zuhause" und lernen schnell, wozu dieses Ding gut ist. Im Kasten auf S. 82 lesen Sie, wie Sie Ihre Kaninchen am besten stubenrein bekommen.

Anstatt einer Katzentoilette besorgen Sie sich lieber eine Kaninchen-

toilette – man bekommt sie im Zoo-fachhandel. Es handelt sich um eine flache Kunststoffwanne, bei der durch eine Aussparung in der Wand dem Kaninchen der Ein- und Ausstieg erleichtert wird. Die Tiere benutzen ein solches Klo meist viel lieber, und beim Heraushüpfen wird auch nicht so viel Streu mit herausgeschleudert.

Zu Beginn wird sicher ab und zu das eine oder ande-re kleine Malheur passie-ren. Damit die Kaninchen nicht dazu animiert werden, ihren Urin und Kot überall im Zimmer zu verteilen, entfernen sie Kotkügel-chen und Urinseen sofort. Um den Urin-geruch zu neutrali-sieren, waschen Sie die betroffe-nen Stellen mit Essigwasser ab. Nehmen Sie keine scharfen Reini-gungsmittel, die für Kaninchen gesundheits-schädlich sind.

Zwei, die Spaß am tägli-chen Freilauf haben.

81

Trimmgeräte mit Spaßeffekt

Trainingsplan Stubenreinheit

So wird Ihr Kaninchen schnell stubenrein

Geben Sie etwas verschmutzte Einstreu aus der Toilettenecke des Käfigs und natürlich ausreichend frische Streu in eine flache Kiste.

Wichtig: Der Rand der Klokiste darf nur so hoch sein, daß die Tiere leicht hinein- und herausspringen können. Es gibt Kisten mit einer Aussparung im Rand. Stellen Sie das Kaninchenklo nahe des Käfigs auf.

Lassen Sie die Kaninchen an der neuen „Einrichtung" schnuppern.

Beobachten Sie die Tiere beim Freilauf gut. Sobald eines mit den Vorderpfoten scharrt oder den Po nach unten drückt und das Schwänzchen hebt, setzen Sie es sofort in das Kaninchenklo.

Das müssen Sie so lange bei jedem Freilauf wiederholen, bis die Hoppler begriffen haben, was Sie von ihnen wollen.

Verändern Sie den Standort des Kaninchenklos nicht.

kommt dann so ein kleiner Hoppler auf „dumme Ideen", wie etwa alles nur Erreichbare mit Nagespuren zu versehen. Oder aber er verkriecht sich hinter dem Sofa und bleibt dort stundenlang gelangweilt sitzen – auch das ist nicht Sinn und Zweck der Übung, denn Freilauf soll ja für Bewegung sorgen.

Kaninchen wollen Abwechslung

Ein Kaninchen, vor allem wenn es allein gehalten wird, findet den Auslauf in der Wohnung zwar eine Weile interessant. Sobald es aber jeden Winkel kennengelernt und mit seinem Duft markiert hat, beginnt es sich zu langweilen. Schnell

Fit-and-Fun-Parcours

Gestalten Sie deshalb Ihre Wohnung zum spannenden Kaninchen-Fitneß-Parcours mit Spaßgarantie um. Sie müssen gar nicht unbedingt viele teure Spielgeräte im Zoofachhandel kaufen. Es geht auch problemlos mit ganz einfachen, günstigen Mitteln. Man besorgt sich unterschiedlich große Pappschachteln und schneidet verschieden große Eingänge hinein. Kinder haben oft viel Spaß daran, diese Häuschen mit – sehr wichtig! – ungiftigen Farben zu verschönern. Diese Schachteln stellen Sie dann in der Wohnung an verschiedenen Stellen auf. Sie können sie zusätzlich mit Papierfetzen füllen oder eine Leckerei in der einen oder anderen Schachtel verstecken. Auch große leere Papprollen können Sie in den Parcour integrieren. Kaninchen schlüpfen gerne durch diese „Höhlenattrappen" und verstecken sich darin. Nun kann der Spaß losgehen: erst einmal die neuen Trimmgeräte begutachten, hineinschlüpfen, draufklettern, drüberhüpfen und sich verstecken. Die Zwerge lieben es nämlich, sich auf ihren Ausflügen zwischendurch einmal zu verkriechen. Als Flucht- und Beutetiere müssen sie immer auf der Hut vor Feinden sein. Dieses Verhalten legen auch Zwergkaninchen nicht ab, obwohl sie Fuchs oder Habicht in der Wohnung wahrlich nicht zu fürchten brauchen. Bitte seien Sie aber nicht betrübt,

Für neue Spiele stellt sich Ihr Kaninchen gerne auf die Hinterbeine.

Manchmal dauert es eine Weile, bis die Zwerge die fremd riechenden Röhren annehmen. Ein wenig gebrauchte Streu läßt aber schnell „Heimatduft" einkehren.

wenn Ihre Kaninchen die Kunstwerke nicht lange zu würdigen wissen und anfangen, sie zu beknabbern.

Für Bastler

Geschickte Bastler müssen sich nicht mit einfachen Kartonhäuschen begnügen, sondern können aus Sperrholz und Leisten, die im Baumarkt erhältlich sind, Häuschen und Hindernisse bauen. Diese kann man dann natürlich auch wieder farbig gestalten.

Mit den gelben Plastikgießröhren für frisch gepflanzte Bäume oder mit Tonröhren aus dem Baumarkt kann man die Kaninchen-Spiellandschaft prima ergänzen. Verbinden Sie damit die Ausgänge verschiedener Häuschen, so entsteht für das Kaninchen beim Durchkriechen ein richtiges „Kaninchenbau-Gefühl".

Futtern mit Spaß

Auch wenn die Kaninchen einmal im Käfig bleiben, muß keine Langeweile einkehren. In einem ausreichend großen Käfig hat auch das eine oder andere „Trimmgerät" Platz. Und auch beim Futtern kann man fit bleiben. Hängen Sie doch den Löwenzahn einmal mit Hilfe einer Wäscheklammer am Käfigdach auf. So müssen sich die Mümmelmänner kräftig nach den Leckerbissen recken – Stretching für Zwerg-

11mal Spiel und Spaß mit Kaninchen

1 Kaninchen-lotterie

Stellen Sie mehrere Häuschen ins Zimmer, und verstecken Sie in einem fein duftende Leckerbissen. Nun lassen Sie zwei Kaninchen laufen. Jeder darf einen Tip abgeben: Wer von den beiden findet als erstes den versteckten Leckerbissen?

2 Orientierungslauf

Fünf Häuschen aufstellen und durchnumerieren. Das Kaninchen mit Hilfe einer besonderen Leckerei in der richtigen Reihenfolge von Häuschen 1 bis 5 locken. Vielleicht kann es sich mit der Zeit die Reihenfolge sogar merken.

3 Männchen machen

Dem Zwerg einen Leckerbissen geben und, sobald er daran knabbert, diesen langsam anheben, so daß sich das Kaninchen danach recken muß. Trainierte Hoppler machen bald alleine auf das Heben der Hand hin Männchen.

4 Schatzsuche

Stellen Sie eine Kiste mit Streu, Sand oder Stroh im Zimmer auf und verstecken Sie darin Mohrrübenstücke, Petersiliensträußchen oder Knäckebrotbröckchen. Das Kaninchen buddelt die versteckten Schätze sicher gerne aus.

5 Hüpfparcours

Stellen Sie mehrere Hürden auf, über das die Zwerge hüpfen sollen. Sie lernen es schneller, wenn man die Hindernisse anfangs an einer Wand entlang aufstellt. Mit einer Leckerei motiviert, hoppeln die Kaninchen bald begeistert über den Parcours.

6 „Mach hopp"

Locken Sie das Kaninchen mit einem Leckerbissen auf das Sofa oder einen Sessel. Sobald es springt, sagen Sie: „Mach hopp" – schnell lernt es, auf das Kommando zu hören.

7 Häschen in der Grube

Graben Sie im Garten für das Kaninchen eine kleine Erdröhre. Gerne wird es hineinschlüpfen und sich darin verstecken. Aber Vorsicht, daß „Häschen in der Grube" nicht weiterbuddelt und verschwindet.

8 Klettermaxe

Bauen Sie aus verschieden hohen Häuschen oder Kartons eine Treppe. Auf die oberste Stufe legen Sie einen Apfelschnitz oder ein Sträußchen Petersilie. Klettermaxe wird neugierig die Treppe hochhoppeln, um an die Leckerei zu kommen.

9 Möhrendieb

Imitieren Sie die Natur auf einem Rasenstück oder in einer mit Erde gefüllten Kiste. Graben Sie eine Möhre mit Grün ein, das Kaninchen darf sie dann wieder ausbuddeln – und vernaschen.

10 Farbroulette

Legen Sie in nur einen von drei verschiedenfarbigen Futternäpfen etwas Kaninchenfutter. Das Leckermäulchen wird schnell lernen, in welchem der Näpfe der Hauptgewinn zu finden ist und bald nur noch zu diesem laufen.

11 Kuschelhäschen

Schmusen Sie mit Ihrem Kaninchen, und kraulen Sie es sanft hinter den Ohren.

kaninchen. Auch ein dicker Ast, in den Sie Löcher bohren, in denen Sie dann Leckereien verstecken können, lädt zum großen Futterspaß ein: Man muß sich recken und strecken, um an das Futter zu kommen und kann nebenbei die Nagelust befriedigen.

Haltung im Freien

Balkonhaltung

Ein ausreichend großer Balkon ist durchaus geeignet, Kaninchen ganzjährig im Freien zu halten. Allerdings sollte man auch hier einige Dinge beachten. Bei der Balkonhaltung dürfen Sie auf keinen Fall vergessen, daß das Tier seine regelmäßigen Streicheleinheiten und abwechslungsreiche Beschäftigung braucht und keinesfalls einfach nur auf dem Balkon „geparkt" werden darf. Da Kaninchen genügend Kontakt mit dem Menschen brauchen, um zutraulich zu werden und zu bleiben, wollen auch „Balkonkaninchen" ihren täglichen Freilauf in der Nähe ihrer Menschen.

Für die Unterbringung im Freien

Mit einem Leckerbissen über der Nase beginnt das Training zum Männchenmachen.

Manege frei!

Durch einen brennenden Reifen wird Dein Kaninchen wahrscheinlich nie springen, aber mit etwas Geduld kannst Du ihm schon einige Tricks beibringen.

Beginne mit einem einfachen Trick: „Männchen machen". Streiche zunächst alle Lieblingsleckerbissen vom Speiseplan des Kaninchens, denn die soll es ab jetzt nur noch zur Belohnung bekommen. Dann wird geübt: Halte Deinem Kaninchen einen Leckerbissen vor die Nase. Es wird natürlich versuchen, daran zu knabbern. Ziehe den Happen Stück für Stück ein bißchen höher, so daß sich Dein Akrobat auf die Hinterbeine stellen muß. Laß ihn aber auch immer

wieder einmal abbeißen! Wenn Du die Übung häufig wiederholst und dabei immer „Mach Männchen" sagst, lernt das Kaninchen, bei diesem Kommando den Trick zu zeigen. Auf diese Weise kannst Du einem Kaninchen auch beibringen, durch eine Röhre zu kriechen oder über eine Hürde zu springen. Vielleicht wird ja eine ganze Zirkusnummer daraus?

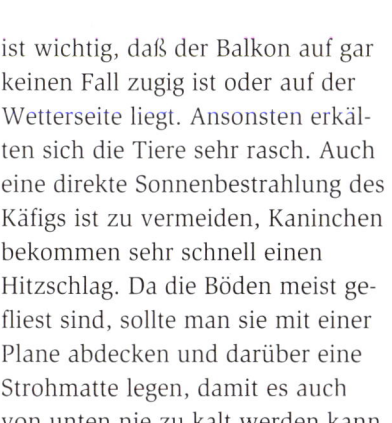

ist wichtig, daß der Balkon auf gar keinen Fall zugig ist oder auf der Wetterseite liegt. Ansonsten erkälten sich die Tiere sehr rasch. Auch eine direkte Sonnenbestrahlung des Käfigs ist zu vermeiden, Kaninchen bekommen sehr schnell einen Hitzschlag. Da die Böden meist gefliest sind, sollte man sie mit einer Plane abdecken und darüber eine Strohmatte legen, damit es auch von unten nie zu kalt werden kann.

Sicherheit auf dem Balkon

Wenn Kaninchen draußen hoppeln, muß das Balkongitter unbedingt gegen Abstürze gesichert werden. Da Balkongitterstäbe meist einen relativ großen Abstand haben und es erstaunlich ist, wo ein Kaninchen sich noch überall durchquetschen kann, sollten Sie das Gitter mit Kaninchendraht absichern. Ziehen Sie diesen Schutz mindestens einen Meter hoch, damit die

Kaninchen auch nicht einfach darüberklettern können. Verlangen Sie im Baumarkt oder Werkzeughandel ausdrücklich Kaninchendraht, denn zu dünner Maschendraht wird zu leicht durchgebissen. Wenn notwendig, muß der Maschendraht mit einem Brett zum Boden hin gesichert werden, damit die Tiere den Draht nicht hochschieben. Außerdem schützt das Brett gegen Zug und wird von den Kaninchen gerne benagt.

Balkonmöbel für Kaninchen

Auch die Unterkunft auf dem Balkon muß kaninchengerecht eingerichtet werden. Wenn die Kaninchen nicht den ganzen Balkon bevölkern sollen, bietet sich ein großer Außenkäfig an. Man

bekommt ihn im Fachhandel, kann ihn sich aber auch mit etwas Zeit und Geduld selbst bauen. Da Kaninchen Höhlenbewohner sind, brauchen auch Balkonkaninchen eine Hütte zum Schutz vor Witterungseinflüssen und als Schlaf- und Ruhehäuschen. Natürlich gehören in das Balkonheim auch Futternapf und Nippeltränke sowie ein Toilettenplätzchen. Nützlich ist auch eine Extra-Schale mit Stroh, in der das Kaninchen kuscheln kann.

Zur richtigen Einrichtung des Kaninchenbalkons gehört auch der ausreichende Schutz vor Witterungseinflüssen. Im Sommer muß man natürlich darauf achten, daß die Sonne das Kaninchen nicht brät.

Sorgen Sie für ausreichend

Ein Stück Wurzelholz lädt ein zum Drüberhoppeln und Durchkrabbeln.

Hoppeltraining im Freilaufgehege – das macht nicht nur dem Kaninchen Spaß.

Schatten und eine kühle Rückzugsmöglichkeit. Kaninchen sind kreislauflabil, und es besteht leicht die Gefahr eines Hitzschlages. Im Winter darf das Kaninchen nicht frieren. Mit Styropor oder Decken kann man dann die Kaninchenwohnung im Freien gegen Kälte und Zugluft schützen.

Neben der Balkoneinrichtung sollte aber auf jeden Fall auch ein nicht zu kleiner Käfig für die Wohnung vorhanden sein, um die Tiere in besonders kalten Wintern, an glutheißen Sommertagen oder wenn ein Kaninchen einmal krank sein sollte, in die Wohnung nehmen zu können.

Langsam akklimatisieren

Ein Wohnungskaninchen darf anfangs nur stundenweise auf den Balkon, um sich an die klimatischen Bedingungen zu gewöhnen. Vor allem Jungtiere, die aus der Wohnung kommen, können sich auf dem Balkon schnell erkälten. Der Frühling ist die richtige Jahreszeit, um die Kaninchen an das Leben im Freien zu gewöhnen. Bei Tagestemperaturen um die 20 °C heißt es „ab an die frische Luft". Nehmen Sie die Zwerge nachts auf jeden Fall wieder in die Wohnung. Erst wenn die Nachttemperaturen nicht mehr unter 15 °C sinken, dürfen die Tiere auch nachts draußen bleiben.

Kaninchenkräutergarten

Kaninchen lieben es, ihr Futter selbst zu „pflücken". Auch wenn Ihr keinen Garten habt, kannst Du Deinem Kaninchen seinen eigenen Kräutergarten anlegen. Du brauchst eine flache, wasserdichte Schale, einige kleine Kieselsteine, Pflanzenerde, Saatmischung mit Klee-, Gras- und Luzernesamen, dazu vielleicht noch Samen von Salbei, Petersilie, Dill, Kamille und Löwenzahn und Wasser.

Lege zuerst eine Lage Kieselsteine auf den Boden der Schale, und bedecke sie dann mit Erde. Streue die Samen nicht zu dicht darauf, und drücke sie mit der flachen Hand etwas an. Jetzt gießt Du so viel Wasser darüber, daß die Erde gut durchfeuchtet wird. Stelle die Schale an das Fenster. Damit die Samen keimen und treiben können, dürfen sie nie austrocknen. Du kannst eine Folie über die Schale ziehen, so bekommst Du ein richtiges Mini-Treibhaus mit einem feucht-warmen Klima. Die Erde darf aber nicht anfangen zu schimmeln.

Nach wenigen Tagen zeigen sich die ersten grünen Spitzen, und 2–3 Wochen später ist der saftig-grüne Kaninchenkräutergarten bereit zur Ernte. Du kannst Deinem Kaninchen dann immer wieder mit einer Schere eine Portion frisches Grün abschneiden. Noch lieber bedient sich der Mümmelmann aber selbst. Stelle ihm seinen Garten so auf, daß er beim Freilauf daran naschen kann. Vielleicht hast Du ja auch eine so große Schale, daß Dein Kaninchen richtig darin hoppeln kann.

Für einen gesunden Apfel aufs Häuschen klettern, das macht doppelt fit!

Balkonvergnügen

Da auf einem gesicherten Balkon selten die Gefahr besteht, daß die Kaninchen wertvolle Einrichtungsgegenstände beschädigen, können sie hier nach Herzenslust toben. Bauen Sie einen großzügigen Fitneß-Parcours mit vielen Verstecken draußen auf. Damit die Hoppler auf dem meist gefließten Balkonboden nicht rutschen, können Sie Strohmatten auslegen, wie man sie vom Strand oder Freibad kennt. Sie sind nicht teuer, und so schmerzt es kaum, wenn die Kaninchen nach einem Sommer ihre Nagebegeisterung daran unter Beweis gestellt haben.

Hinaus ins Grüne

Jedes auch noch so kleine Fleckchen Grün wird von Kaninchen als Abwechslung zu

Checkliste für den Urlaub

○ Kümmern Sie sich rechtzeitig um einen zuverlässigen Kaninchensitter.

○ Stellen Sie alle Angaben, die der Tiersitter braucht, schriftlich zusammen, z. B. :

○ Wie oft, was und wieviel wird gefüttert?

○ Wie häufig soll der Käfig gereinigt werden?

○ Sind irgendwelche Besonderheiten zu beachten (muß ein Kaninchen z.B. Medikamente bekommen)?

○ Legen Sie einen ausreichenden Vorrat an Futter, Heu und Einstreu an.

○ Besprechen Sie Abreise- und Ankunftstag.

○ Hinterlassen Sie Ihre Urlaubsadresse.

○ Notieren Sie Adresse und Telefonnummer des Tierarztes.

○ Wer kann im Notfall noch helfen (Tierklinik, Notfalldienst)?

Balkon und Wohnung freudig begrüßt. Damit die Hoppelweltmeister nicht plötzlich Haken schlagend verschwinden, sollten sie in einem mobilen Freigehege untergebracht werden. Geschickte Bastler können solch ein Freigehege aus unbehandeltem Weichholz und Kaninchendraht selbst bauen, es gibt sie aber auch in allen möglichen Größen und Ausführungen im Zoofachhandel.

Bei einem Freigehege ist es ganz wichtig, daß es von oben mit einem Draht oder Netz abgedeckt werden kann. So können Raubtiere wie etwa Katzen den Kaninchen nicht gefährlich werden. Andererseits können die kleinen Springwunder auch nicht entwischen.

Wenn die Kaninchen länger, vielleicht sogar über Nacht im Garten bleiben sollen, braucht das Gehege ein Dach, das gegen Sonneneinstrahlung und Schlechtwettereinflüsse schützt, außerdem ein Häuschen als Versteck und einen Futternapf, Heu und frisches Wasser.

Damit die „Gartenzwerge" nicht entwischen können, müssen Sie regelmäßig kontrollieren, ob sie nicht schon begonnen haben, einen Tunnel unter dem Käfig hindurch in die Freiheit zu graben. Es empfiehlt sich, das Gehege deshalb öfters umzusetzen. So bekommen die Tiere auch immer wieder frisches Gras. Eine andere Möglichkeit ist es, Kaninchendraht rund um das Freigehege mindestens eine Spatenbreite tief in den Boden einzugraben, um einen „Ausbruch" zu verhindern.

Action bitte

Im Garten können Sie es Ihren Kaninchen z.B. einmal gönnen, in einem riesigen Heuberg zu wühlen. Oder Sie bauen mit Brettern und Backsteinen ein richtiges Kaninchenlabyrinth. Lassen Sie Phantasie und Spieltrieb freien Lauf.

Auch im Urlaub muß das Kaninchen gut versorgt sein.

Urlaubszeit

Kaninchen verreisen eigentlich gar nicht gerne. Jede Autofahrt, vor allem in großer Wärme, bedeutet Riesenstreß für die Tiere. Auch die Geräusche im Auto sind für Kaninchenohren sehr unangenehm. Versuchen Sie deshalb möglichst, den Tieren eine Reise zu ersparen.

Es gibt mehrere Möglichkeiten, wie Ihre Kaninchen auch während Ihres Urlaubs gut versorgt sind (siehe S. 24): Nachbarn, Verwandtschaft, Schulkameraden. Wichtig ist, daß der Kaninchensitter gut instruiert wird (siehe nebenstehender Kasten).

Manche Zoogeschäfte oder Züchter bieten Urlaubspflege als Service gegen einen geringen Preis an. Dort werden die Tiere in ihrem eigenen Käfig versorgt. Auch Tierärzte bieten manchmal einen solchen Urlaubsservice. Kümmern Sie sich rechtzeitig um die Urlaubsversorgung, um sich und den Tieren unnötigen Streß zu ersparen.

Im Anhang finden Sie hierzu einige Adressen (siehe auch Checkliste S. 92).

Freilauf im Urlaub nur unter wachsamer Aufsicht.

Kaninchen sind Beute-, Flucht- und Rudeltiere. Das prägt auch ihr Verhalten. Sie sind keine Kämpfer und suchen ihr Heil lieber in der Flucht oder im schützenden Versteck. Sie leben friedlich in großen Familien zusammen und verständigen sich untereinander in ihrer eigenen Sprache. Das Zusammenleben mit Zwergkaninchen macht noch mehr Spaß, wenn man ihr Verhalten und ihre Sprache versteht.

VERHALTEN VERSTEHEN

Typische Verhaltensweisen

Wachsam aufgestellte Ohren: diesem Kaninchen entgeht nichts rundherum.

Ducken

Das Kaninchen preßt sich flach und regungslos auf den Boden, die Ohren sind ganz eng an den Körper angelegt. Im Rudel bedeutet dies eine Unterwerfungsgeste gegenüber einem ranghöheren Tier. Dies ist aber auch ein Verhalten, das die Zwerge uns Menschen gegenüber zeigen, wenn sie Angst haben. In der freien Natur versucht sich das Kaninchen durch regungsloses Ducken zu verstecken oder seine Feinde zu täuschen und diese glauben zu lassen, es sei tot. Ducken ist also immer ein Zeichen von Verunsicherung oder Angst.

Manchmal können Kaninchen aus dieser Duckstellung explosionsartig losstarten und versuchen wegzulaufen. So ersprinten sie sich einen Vorsprung vor dem Verfolger. Vorsicht, sie können sich dabei verletzen, weil sie sehr viel Kraft in den Hinterbeinen entwickeln.

Männchen machen

Wenn ein Kaninchen ein ihm unbekanntes Geräusch hört oder irgend etwas seine Aufmerksamkeit erregt, wird es Männchen machen. So verschafft es sich durch Emporrecken einen besseren Überblick über seine Umgebung – wer größer ist, sieht mehr.

Wenn das Kaninchen an einen besonderen Leckerbissen herankommen will, macht es auch Männchen. Es kann bei besonders zutraulichen Tieren auch ein Begrüßungsritual sein.

Hocken

Die Tiere sitzen mit leicht zurückgelegten Ohren da, manchmal haben sie die Augen dabei halb geschlossen. Es ist ein Zeichen für Entspannung, das Kaninchen fühlt sich sicher und legt ein kleines Ruhepäuschen ein. Manche Tiere mümmeln dabei auch vor sich hin. Am besten jetzt nicht stören.

Auf der Seite liegen

Das Kaninchen streckt die Beine weit nach hinten, die Augen beginnen sich zu schließen, gleich schläft es ein. Dieses Verhalten zeigt totale Entspannung, also bitte nicht stören.

Drohhaltung

Der Hintern ist hochgestellt, das Schwänzchen meist aufgerichtet und der Vorderkörper geduckt. Dies ist eine äußerst angespannte Stellung, die Nerven des Kaninchens sind bis zum äußersten gespannt – es droht. Bei zurückgelegten Ohren greift es vielleicht gleich an, was allerdings nur in äußersten Notsituationen passiert. Wenn das Kaninchen droht, versuchen Sie dringend die Situation zu entschärfen. Nehmen Sie etwas Abstand, es fühlt sich vielleicht von Ihnen bedroht. Oder es nähert sich gerade die Nachbarskatze oder der Tierarzt mit der Spritze.

Auf dem Rücken wälzen

Dieses genüßliche Räkeln ist ein Zeichen höchsten Wohlbefindens. Die Tiere wälzen sich meist in weichem Untergrund, bevorzugt in Sägespänen oder weicher Einstreu.

Scharren

Kaninchen haben einen angeborenen Grabreflex, der sie auch dazu verleitet, an Stellen Löcher graben zu wollen, an denen man gar nicht graben kann. Das Scharren könnte also auf diesen Reflex zurückzuführen sein. Es gibt aber noch andere Ursachen. Geschlechtsreife Rammler, brünstige Häsinnen oder Kaninchen kurz vor der Geburt

Ein Wildkaninchen und sein Junges sitzen entspannt vor ihrem Bau.

scharren ebenfalls. Auch dominante Tiere versuchen, den Geruch der rangniedrigeren Tiere zuzuscharren. Dabei kann es sich um eine für uns unsichtbare Duftmarke handeln, aber auch tatsächlich um Kot oder Urin eines unterlegenen Artgenossen. Scharren nach dem Streicheln kann aber auch der Wunsch nach noch mehr Zuwendung sein.

Mit der Schnauze stupsen

Kaninchen stupsen sich aus mehreren Gründen: Bei der Begrüßung gibt es einen leichten Stüber mit der

Was ist ein Rudel?

Das Rudel ist die Familie des Kaninchens mit Mutter, Vater, Geschwistern, Onkeln und Tanten. Im Rudel gibt es immer einen oder mehrere Chefs. Die Chefs sind meist die größten und stärksten Tiere. Bei Kaninchen können das sowohl Männchen als auch Weibchen sein. Es sind aber immer die Tiere mit dem meisten Grips. Gerade den brauchen sie, um ihre Aufgaben zu erfüllen: Sie sind für die Sicherheit der ganzen Gruppe zuständig und auch dafür, daß für alle immer genug zu futtern vorhanden ist. Ist die Gegend, in der der Kaninchenbau liegt, nicht mehr sicher oder gibt es nicht mehr genug zu fressen, führen Sie die Familie an einen anderen Ort. Wie in jeder Familie wird auch im Rudel einmal gestritten. Es wird dann richtig „geprügelt", und danach verlassen oft einzelne Tiere oder eine kleine Gruppe das Rudel, um eine eigene Familie zu gründen.

Eine Kaninchenfamilie eng aneinander gekuschelt. Das vermittelt Sicherheit.

Schnauze. Wenn Ihr Kaninchen Ihre Hand leicht mit der Schnauze anstupst, heißt das soviel wie „Streichle mich", oder Sie werden ganz einfach so begrüßt. Heftiges Stupsen dagegen oder sogar das Wegdrücken der Hand bedeutet aber: „Laß mich in Ruhe, jetzt ist es genug."

Lecken

Lecken ist ein Verhalten, das Kaninchen an den Tag legen, wenn sie soziale Kontakte mit ihren Artgenossen pflegen. Sympathische Rudelmitglieder werden beleckt und geputzt. Es ist also ein Zeichen des Wohlbefindens. Wenn Ihr Kaninchen Ihre Hand leckt, fühlt es sich wohl und meint: „Mach weiter, das tut mir gut."

Aufstampfen und Trommeln

Es handelt sich hier nicht etwa um ein besonders musikalisches Tier. Trommeln mit den Hinterbeinen soll die Rudelmitglieder vor Gefahren warnen und ihnen signalisie-

Zwerge sprechen mit dem Körper

1

Männchenmachen
Indem Kaninchen sich auf den Hinterbeinen aufrichten und den Kopf emporrecken, verschaffen sie sich einen besseren Überblick.

2

Körperpflege
Wenn ein Kaninchen sich putzt, so ist das auch ein Zeichen für eine entspannte Situation. Gegenseitiges Lecken bedeutet Sympathie zum Artgenossen.

ren, daß sie schnellstmöglich im Bau verschwinden sollen. Im Käfig können die Kaninchen auch heftig mit den Hinterbeinen gegen die Käfigwand schlagen. Dies ist immer ein Zeichen von Unbehagen, Angst oder eine Drohgebärde.

Kotfressen

Wenn Kaninchen ihren eigenen Kot aufnehmen, ist das weder eklig, noch abnormal und hat nichts mit Mangelerscheinungen und schlechter Ernährung zu tun. Kaninchen müssen ihren Kot fressen, um ihren

Beriechen der Umgebung

Mit ihren feinen Nasen kontrollieren Kaninchen unter anderem, ob hier schon ein anderer Mümmelmann mit seinen Duftdrüsen markiert hat.

Duftkontrolle

Kaninchen sondern über die Leistendrüsen ein Sekret ab, an dessen Geruch sie sich gegenseitig erkennen können. Jedes Kaninchen hat seine individuelle Duftnote.

Kuscheln

Hier haben sich zwei gefunden, die sich ganz besonders mögen. Der enge Körperkontakt zeigt ihre Vertrautheit.

Körper mit Vitaminen zu versorgen. Sie fressen dabei meist nur besonders geformte Kotkügelchen, die sie auch hauptsächlich nachts ausscheiden. Diesen Blinddarmkot (siehe S. 42) nehmen sie in der Regel direkt vom After auf.

Kinnreiben

Wenn Kaninchen mit dem Kinn an Gegenständen entlangreiben, kratzen sie sich nicht etwa, sondern markieren auf diese Weise ihr Revier mit einem für uns nicht wahrnehmbaren Duft (siehe S. 103).

Die Duftsprache der Kaninchen

Ausgiebige Körperpflege:

Zuerst werden die Pfoten befeuchtet,

dann wird das Gesicht gewaschen.

Leise Töne

Kaninchen sind in der Natur darauf bedacht, möglichst wenig Geräusche zu machen, um Feinde nicht auf sich und ihren Bau aufmerksam zu machen. Geräusche geben sie meist nur in Konfliktsituationen oder Zeiten größter Not von sich. Trotzdem kann man, wenn man gut zuhört und hinsieht, seine Kaninchen „reden" hören (siehe Kasten „Lautsprache" S. 104).

Dufte Nachrichten

Kaninchen kommunizieren auch mit der Nase. Sie setzen verschiedene Duftmarken, die für die anderen Kaninchen hochinteressante Informationen enthalten. Hierfür verfügen sie über einige besondere Duftdrüsen, mit deren Sekret sie ihre Umgebung markieren und Botschaften für Freunde und Feinde hinterlassen.

In der Natur ist es für die Kaninchen überlebenswichtig, bei Gefahr sofort im Bau verschwinden zu können. Deshalb markieren sie die Umgebung ihres Baus mit ihren Duftmarken, um sich besser orientieren zu können. Forscher haben herausgefunden, daß um einen Wildkaninchenbau bis zu 30 Toilettenstellen verteilt sein können, denn Kaninchen markieren ihre Umgebung auch mit dem Kot. Dieser wird durch den Geruch der Perianaldrüsen unverwechselbar. Als Kaninchenbesitzer werden sie bemerken, daß ein Kaninchen in einer fremden Umgebung sehr vorsichtig ist und sich anfangs gar nicht oder zumindest nicht weit aus dem Käfig wagt. Das liegt daran, daß es seine Umgebung noch nicht markiert hat und sich noch unsicher fühlt.

Die verschiedenen Duftstoffe sind aber nicht nur zum Markieren der Umgebung da. Anhand des Geruchs können die blinden Neugeborenen ihre Mutter erkennen. Auch bei der Begegnung zweier Kaninchen wird vom Gegenüber erst mal eine kräftige Nase voll genommen: Wer bist du? Rammler oder Häsin? Wie alt? Kennen wir uns schon?

Kinndrüse

Diese Drüse sitzt unter der Zunge und gibt über Hautporen ihr Sekret nach außen ab. Es wird benutzt, um die Umgebung um den Bau und das eigene Revier zu markieren. Falls ein störender fremder Geruch vorhanden ist, versucht das Kaninchen, diesen mit dem Duft des Kinndrüsensekrets zu überdecken.

Der Geruch der Kinndrüse ist dem Kaninchen ganz besonders vertraut, und es fühlt sich geborgen in einer Umgebung, die nach seiner Kinndrüse riecht. Deshalb kann das Putzen von Stuhlbeinen oder das Abwaschen der Möbelunterteile ihren Zwerg aus der Fassung bringen. Plötzlich riecht das vertraute Heim ganz fremd. Sicher wird er beginnen, alles ganz eifrig durch Kinnreiben neu zu markieren.

Auch wenn das Kaninchen sich putzt, behält es seinen persönlichen Duft.

Analdrüsen

Die Analdrüsen liegen seitlich des Afters und münden in den Enddarm. Ihr Sekret überzieht den Kot mit dem persönlichen Duft eines Kaninchens. Das Absetzen der Kotmarken zeigt den anderen für die Augen und die Nase: Dies ist mein Revier, hier wohne ich. Die Kotmarken helfen dem Kaninchen aber auch, Stellen wiederzuerkennen, an denen es bereits gewesen ist. Da Kaninchen nicht besonders gut sehen, sind diese Markierungen sehr wichtig für die Orientierung.

Perianal- oder Leistendrüsen

Diese Duftdrüsen befinden sich in einer haarlosen Hautfalte beiderseits der Geschlechtsöffnung. Sie produzieren ein talgiges, meist gelblich-bräunliches Sekret, das ein bißchen schmierig ist. Den Geruch der Leistendrüsen können auch Menschen riechen. Er ist süßlich und riecht leicht nach Urin.

Der Duft dieser Drüsen dient bei der ersten Kontaktaufnahme zwischen zwei Kaninchen dem Erkennen von Rudelmitgliedern. Sicherlich ist Ihnen aufgefallen, daß Kaninchen sich gegenseitig erst mal am Po beriechen. Das Sekret der Leistendrüsen gibt außerdem Auskunft über Geschlecht, Paarungsbereitschaft und verleiht dem Urin die persönliche, unverwechselbare Kaninchennote. Der Rammler bespritzt seine auserwählte Kaninchendame vor der Paarung mit Urin, um allen anderen ganz klar zu zeigen: Diese Frau gehört zu mir.

Die Lautsprache der Kaninchen

Gurren:
Wohlfühllaut, auch beim Säugen der Jungen, klingt ähnlich wie Schnurren.
Fiepen:
Hilferuf der Jungen nach der Mutter.
Fauchen:
Zeichen von Unzufriedenheit, Angst oder Aggression, dient auch der Warnung.
Knurren:
Rammler knurren nach dem Deckakt.

Schreien:
Gellender Laut, den Kaninchen in höchster Gefahr und Todesangst ausstoßen.
Zähnemahlen:
In höchster Zufriedenheit bewegen Kaninchen Ober- und Unterkiefer gegeneinander und erzeugen so einen mahlenden Laut.
Zähneknirschen:
Schmerzlaut, lauter als das Mahlen.

Ganz bei Sinnen

Sehvermögen

Da die Augen der Kaninchen seitlich am Kopf angeordnet sind, haben sie einen fast 360°-Rundumblick. Sie können auch Dinge hinter und über ihrem Kopf gut wahrnehmen. Nur direkt vor ihrem Näschen sehen sie nichts. Das erklärt, warum Kaninchen manchmal Leckerbissen, die direkt vor ihrer Nase liegen, nicht bemerken. Dinge, die sich direkt vor ihrer Nase befinden und die keinen Duft verströmen, müssen sie direkt mit Lippen und Tasthaaren ertasten.

Auch Entfernungen können Kaninchen, vor allem im Nahbereich, nur schlecht abschätzen. Deshalb kann es auch immer wieder vorkommen, daß sie einem plötzlich zwischen die Beine rennen, vor allem, wenn sie sich erschrecken. Kaninchen sind zudem kurzsichtig, das heißt, in der Ferne sehen sie nur unscharf. Eigentlich müßten sie also – trotz vieler Karotten – eine Brille tragen.

Auf Grund anatomischer Besonderheiten kann sich die Pupille im Kaninchenauge nicht besonders gut zusammenziehen. Das macht die Tiere sehr empfindlich für grelles Licht. Deshalb schätzen sie eher gedämpftes Licht. In der Dämmerung können sie dafür recht gut sehen.

Auch in Entspannungsphasen nehmen Kaninchen über Augen, Ohren und Nase ihre Umgebung wahr.

Gehör

Die aufrecht stehenden Ohren der Kaninchen wirken wie große Schalltrichter, und sie können wesentlich besser hören als wir Menschen. Das ist für wilde Kaninchen überlebenswichtig, um herannahende Freßfeinde rechtzeitig wahrzunehmen, aber auch, um die ganz leisen Mitteilungen untereinander nicht zu überhören. Ein aufmerksames Kaninchen dreht seine Ohren ständig hin und her. Man nennt dies auch „Ohrenspiel". Dadurch kann das Kaninchen auch sehr ge-

SINNE

VERHALTEN VERSTEHEN

105

nau bestimmen, aus welcher Richtung Geräusche kommen. Widderkaninchen mit ihren Schlappohren hören schlechter als Kaninchen mit Stehohren und können auch die Richtung, aus der ein Geräusch kommt, nicht so gut bestimmen. Trotzdem ist ihr Gehör immer noch sehr viel feiner als das des Menschen.

Das empfindliche Gehör bedingt, daß die Tiere unter lauten Geräuschen sehr leiden. Sie empfinden jeglichen Lärm als viel unangenehmer als wir Menschen, und was wir vielleicht gerade mal als laut emp-

finden, erreicht bei Kaninchen bereits die Schmerzgrenze. Also möglichst auf lautes Radio, Fernsehen, Musik oder sehr laute Gespräche verzichten, wenn das Kaninchen in der Nähe ist.

Mit den Ohren schwitzen

Die Ohren haben aber noch eine weitere Funktion. Da Kaninchen sehr wenig Schweißdrüsen besitzen und deshalb kaum schwitzen können, brauchen sie ihre „Löffel", um im Sommer ihre Körpertemperatur zu regulieren. Über die stark durchbluteten Ohren wird überschüssige Wärme an die Luft abgegeben.

Mal schnuppern, was hier drin ist!

Geruchssinn

Kaninchen sind richtige kleine Schnüffelnasen. Wenn man bedenkt, daß sie mit ihren verschiedenen Duftdrüsen richtige Unterhaltungen führen können, ist dies nicht verwunderlich. Schon die neugeborenen Kaninchen erkennen das Gesäuge ihrer Mutter am Geruch. Auch als ausgewachsene Tiere beschnuppern sich Kaninchen bei der Begrüßung und stellen schnell fest, ob sie ihr Gegenüber „riechen" können oder nicht. Wissenschaftler haben herausgefunden, daß Kaninchen aber nur eine begrenzte Zahl von Artgenossen am Geruch erkennen können. Das heißt, ihr „Geruchsspeicher" im Gehirn registriert nur eine begrenzte Anzahl persönlicher Düfte von anderen Artgenossen. In der Wohnungshaltung spielt dies aber nur eine untergeordnete Rolle, da die Tiere meist nur Kontakt mit Menschen oder wenigen anderen Kaninchen haben.

Die Nase eines Kaninchens ist ständig in Bewegung. Mit Hilfe der beweglichen Nasenfalte kann das Kaninchen die Luftzufuhr in seine empfindlichen Nasenmuscheln steuern. Dieses ständige Hochziehen der Nasenfalte nennt man „Nasenblinzeln". Bei der Futtersuche und -auf-

Durch Aufrichten wird der Zwerg größer und sieht mehr – das ist z. B. in Gefahrensituationen wichtig.

nahme gleichen die Kaninchen ihre schlechte Nahsicht durch ihr gutes Geruchsvermögen aus. Sie beschnuppern die Nahrung, um festzustellen, ob sie sie mögen oder nicht.

Um die empfindlichen Nasen der kleinen Schnüffler zu schonen, sollten Sie auf Parfumorgien verzichten, wenn sie sich mit dem Tier beschäftigen. Viele mögen schon den Geruch von Seife auf der Haut nicht. Genauso falsch sind aber schmutzige Hände, die für Kaninchennasen einfach stinken.

Geschmackssinn

Kaninchen können mit den Geschmacksknospen in ihrer Mundhöhle genau wie wir süß, sauer, bitter und salzig unterscheiden. Wie die meisten von uns mögen auch Kaninchen gerne süße Sachen. Aber wie für uns Menschen gilt auch für hoppelnde Leckermäulchen: Süßes ist ungesund, schadet und macht dick. Der Verdauungstrakt des Kaninchens ist außerdem nicht auf die Aufnahme von Milchprodukten aus-

gelegt. Auch deshalb Finger weg von Schokolade, Keksen und Kuchen, die immer auch Milcheiweiß enthalten.

Wenn Sie Ihrem Kaninchen zwischendurch eine Leckerei geben wollen, greifen Sie lieber auf einen süßen Apfel zurück als auf dickmachende Kaninchensüßigkeiten. Füttern Sie im Sommer etwas Klee. Aber auch hier gilt: Des Guten nicht zuviel, denn Klee kann zu Blähungen und Bauchschmerzen führen.

Tasthaare

Kaninchen haben im Gesicht um die Augen und um die Nase herum lange, feine Haare, die sehr empfindlich sind. Diese Haare nennt man Tasthaare. Sie sind an ihrer Wurzel mit feinen Nerven ausgestattet, die es dem Kaninchen erlauben, die feinsten Berührungen wahrzunehmen. Mit Hilfe der Tasthaare können sich die Tiere auch in der Dunkelheit zurechtfinden und genau abmessen, ob sie durch einen Durchschlupf passen oder nicht.

Die Tasthaare dürfen auf gar keinen Fall abgeschnitten werden! Beim Streicheln nicht gegen den Strich umbiegen, das tut den Tieren weh. Sie reagieren sehr empfindlich und wollen schlimmstenfalls nicht mehr gestreichelt werden.

Löwenzahn ist im Sommer ein heißbegehrter Leckerbissen.

Probleme einfach lösen

Wenn das Kaninchen scheu ist

Sie haben sich ein Kaninchen angeschafft, natürlich auch um mit ihm zu schmusen und zu spielen. Nun ergreift es aber sofort die Flucht, wenn Sie sich nahern, läßt sich beim Freilauf überhaupt nicht einfangen und versteckt sich ständig in seinem Häuschen.

Es gibt Kaninchen, die nicht richtig zahm werden. Mögliche Ursachen sind angeborene Wildscheue, mangelnder Kontakt mit dem Menschen in den ersten Lebenswochen, ein scheues Muttertier oder Fehler beim ersten Kontakt mit dem Kaninchen. Deshalb sollte man beim Kauf bereits unbedingt darauf achten, wie die Tiere gehalten werden. Hat das Muttertier Kontakt mit Menschen? Wie verhält es sich, wenn der Züchter an den Käfig kommt? Wie benehmen sich die Kaninchen im Zoogeschäft?

Nehmen Sie dem Kaninchen vorübergehend das Häuschen weg, damit es sich nicht permanent dort versteckt. Überprüfen sie den Käfigstandort. Fühlt das Kaninchen sich bedroht, weil dauernd jemand an dem Käfig vorbeiläuft ?

Reduzieren Sie sein Futter auf die Erhaltungskost: Heu und Wasser. Versuchen Sie alle anderen Leckerbissen immer aus der Hand zu füt-

Mit viel Geduld kann auch ein scheues Kaninchen mit der Zeit handzahm werden.

tern, ohne sich dem Tier dabei von oben zu nähern. Am besten legen Sie sich vor den Käfig auf den Bauch. Wichtig beim Zähmen eines jeden Tieres: Ruhe und Geduld, das Tier zu nichts zwingen.

Wenn sich Kaninchen und Meerschweinchen nicht verstehen

Selbst wenn das Zusammenleben von Kaninchen und Meerschweinchen über eine lange Zeit harmonisch war, können Probleme auftreten. Das Kaninchen bedrängt das Meerschweinchen körperlich, beißt und scheucht es durch den Käfig.

Sowohl Rammler wie Häsinnen können bei Eintritt der Geschlechtsreife ein Meerschweinchen, mit dem sie bisher friedlich zusammengelebt haben, arg in Bedrängnis bringen. Sie zeigen ihre Dominanz, und die Rammler versuchen, das Meerschweinchen zu decken.

Rammler sollten kastriert werden, obwohl man das durch die Haltung verschiedener Tierarten ja eher vermeiden wollte. Nach der Kastration sollten die Tiere für drei bis vier Wochen noch in verschiedenen Käfigen gehalten werden.

Bei Weibchen entstehen diese Probleme meist während der Brunst. Das Meerschweinchen sollte die Möglichkeit haben, sich den Angriffen des Kaninchens zu entziehen. Hier hilft ein eigenes Häuschen, dessen Eingang so klein ist, daß das Kaninchen nicht hindurch paßt. Meist treten diese Probleme auch nur vorübergehend auf, und nach einer kurzen Trennungsphase kuscheln die zwei wieder zusammen.

In manchen Fällen verhält sich das Kaninchen dem Meerschweinchen gegenüber ständig auf so massive Art aggressiv, daß es besser ist, die beiden ganz voneinander zu trennen. Besser ist dann für jeden ein echter Artgenosse.

Wenn sich die Kaninchen untereinander nicht mehr vertragen

Mit Eintritt der Geschlechtsreife im Alter von etwa vier Monaten kann es zu Problemen sowohl zwischen gleichgeschlechtlichen als auch verschiedengeschlechtlichen Tieren kommen. Zwei Rammler können auf einmal aufeinander losgehen, sich beißen und verletzen. Auch zwei Häsinnen können dieses Verhalten zeigen. Vielleicht versucht auch das eine Weibchen, das andere zu besteigen. Es hat nicht plötzlich sein Geschlecht geändert, sondern das Aufreiten ist eine eindeutige Dominanzgeste.

Rammler lassen Sie am besten kastrieren – und zwar beide. Ansonsten würde das kastrierte Tier unter dem nicht kastrierten noch mehr leiden.

„Prügeln" sich zwei Weibchen über längere Zeit, lassen Sie vom Tierarzt abklären, ob eines der beiden vielleicht dauerbrünstig ist oder Eierstockszysten hat. Auch dann kann eine Kastration notwendig werden.

Wenn Kaninchen aggressiv sind

Aggressivität kommt meistens bei älteren Tieren vor, die vorher bei anderen Besitzern waren. Durch Fehler im Umgang fühlen sich die

Kaninchen bedroht und wollen ihren Käfig verteidigen. Denn eigentlich sind Kaninchen äußerst friedliebende Zeitgenossen und greifen nur im äußersten Notfall an. Sie knurren dann und greifen die Hand, die man nach ihnen ausstreckt, an, beißen vielleicht sogar zu.

Bei trächtigen Häsinnen oder Häsinnen mit Jungen ist aggressives Verhalten normal. Sie versuchen, den Nachwuchs zu schützen. Es gibt aber auch Häsinnen, die scheinträchtig sind, wenn eine Bedeckung nicht zu einer Trächtigkeit geführt hat. Manche Tiere reißen sich sogar das Fell an der Wamme aus und bauen ein Nest. Bei ihnen verschwindet dieses aggressive Verhalten meist nach ungefähr vierzehn Tagen aber von selbst wieder.

Sind nicht Trächtigkeit, Scheinträchtigkeit oder frisch

Solange nur Äpfel friedlich zernagt werden, ist alles in Ordnung.

geborene Junge der Grund für die Aggressivität, hilft nur Geduld und Spucke, freundliches, ruhiges Zureden und Maßnahmen wie für scheue Kaninchen beschrieben. Ein Muttertier setzen Sie zur Nestkontrolle in einen anderen Käfig um. Um sich vor Verletzungen zu schützen, können Sie notfalls Lederhandschuhe anziehen.

Wenn Kaninchen zerstörerisch sind

Es gibt Tiere, die an ihren Gitterstäben nagen, ihr Häuschen permanent zerlegen und beim Freilauf vor Telefonkabeln, Möbelbeinen und Tapeten keinen Halt machen. Diesen Tieren ist in der Regel einfach langweilig. Sie haben in ihrem Käfig nicht genug Beschäftigungsmöglichkeiten, und auch der Wohnungsfreilauf bietet ihnen zu wenig Abwechslung. Meist sind diese Problemfälle sehr lebendige, verspielte junge Tiere mit einem ausgeprägten Nagetrieb.

Etwas mehr Bewegung lindert häufig die Symptome der Zerstörungswut – und bekämpft die Ursachen. Gestalten Sie eine spannende Wohnungs-Spiellandschaft, denken Sie sich neue Spielideen aus, und lassen Sie Ihr Kaninchen „arbeiten", um an Leckerbissen zu kommen, wenn es im Käfig bleiben muß (siehe S. 84). Falls Sie vor Zerstörungen in Ihrer Wohnung Angst haben, schaffen sie sich ein Freilaufgehege an, und lassen Sie den kleinen Mümmler, wenn die Witterungsbedingungen es erlauben, so oft wie möglich auf den Balkon oder in den Garten. Aber auch hier gilt, für Abwechslung zu sorgen.

Wenn Sie ein „Einzelkaninchen" haben, schaffen Sie ein zweites Tier an, mit dem es sich beschäftigen kann.

Die Sache mit dem Nachwuchs

Eins und eins macht viele

Die meisten Zwergkaninchenbesitzer werden unfreiwillig zum Züchter, wenn sich das männliche Tier aus dem Zoogeschäft als bereits gedeckte Häsin entpuppt oder die gleichgeschlechtlichen Tiere doch ein Pärchen sind. Beliebt sind auch „Spontanhochzeiten" auf Kaninchentreffen, die von Kindern organisiert werden.

Dieses Ereignis trifft viele Kaninchenbesitzer völlig unvorbereitet, aber da Kaninchen meist keine Probleme bei der Geburt und der Jungenaufzucht haben, arrangieren sich alle ganz gut mit der Situation. Kleine Kaninchen sind ja auch zu süß... Besser ist es natürlich, die Paarung gezielt zu planen und auf die bevorstehende Geburt vorbereitet zu sein.

Voraussetzungen

Einige Dinge sollte man vorher wissen und gut überlegen. Ein trächtiges Kaninchen verlangt mehr Aufmerksamkeit, und auch das Nest muß regelmäßig kontrolliert werden. Das verlangt einen deutlich höheren Zeit- und Pflegeaufwand. Für den zu erwartenden Nachwuchs müssen neue Besitzer gefunden werden. Bis Sie die Kleinen abgeben können, brauchen Sie mindestens noch einen zweiten Käfig. Falls Sie wirklich alle Jungtiere behalten wollen, denken Sie daran, daß diese sich im Alter von etwa drei Monaten auch wieder „wie die Karnickel" vermehren. Und bei aller Liebe zu den niedlichen Tieren wollen Sie doch sicher auch keine Kaninchenplage in der Wohnung.

Ein komplett ausgestattetes Kaninchenheim mit genügend Platz zum Hoppeln.

Zwei, die sich gut verstehen. Viele Kinder wünschen sich auch Kaninchennachwuchs.

Die Paarung

Häsinnen haben keinen Zyklus, an dem sie nur zu bestimmten Zeiten paarungsbereit sind, sie sind das ganze Jahr über paarungswillig. Diese Paarungsbereitschaft wird jedoch von äußeren Faktoren wie Tageslänge, Außentemperaturen und Nahrungsangebot beeinflußt. Deshalb gibt es im Frühjahr häufiger Nachwuchs als in den Wintermonaten. Eine paarungswillige oder brünstige Häsin ist meist unruhig, scharrt im Käfig und biegt den Rücken durch, wenn sie gestreichelt wird. Manche strecken auch ihr Hinterteil in die Höhe.

Am besten züchten Sie mit Tieren, die mindestens ein halbes Jahr, aber nicht älter als sechs Jahre, nicht zu dick und in guter körperlicher Verfassung sind. Haben Sie die richtigen Tiere gefunden, lassen Sie die beiden frei laufen, damit sie ausreichend Gelegenheit haben, sich kennen zu lernen. Neutraler Boden, wo keiner der beiden Revieransprüche hat, ist am besten geeignet. Zunächst werden sich die beiden ausgiebig beschnuppern, vor allem die Analregion des anderen ausgiebig beriechen. Der Rammler wird wahrscheinlich das Revier mit dem Kinn markieren und vielleicht auch die Dame seines Herzens mit Urin besprühen. Manche Herren geben Brummlaute von sich und hoppeln freudig erregt um die Dame herum. Zum Vorspiel gehört auch, daß die Dame sich ein wenig ziert und der Rammler ihr hinterherläuft. Er „weist die Blume", das heißt, er stolziert mit hoch erhobenem Schwänzchen vor seiner Angebeteten herum. Manche Pärchen liegen vor der Paarung auch noch kuschelnd eng beieinander.

Sobald die Häsin deckbereit ist, biegt sie den Rücken durch, duckt sich auf den Boden und streckt ihr Hinter-

teil in die Höhe. Der eigentliche Deckakt und die Ejakulation dauern dann nur wenige Sekunden.

Der Eisprung wird bei Kaninchen erst durch die Bedeckung ausgelöst. Deshalb ist ein zweiter Deckakt im Normalfall nicht erforderlich.

„Wie unser Nachwuchs wohl aussehen wird?"

PAARUNG

VERHALTEN VERSTEHEN

Das trächtige Kaninchen

Die Schwangerschaft beim Kaninchen dauert ungefähr dreißig Tage (28–33). Notieren Sie sich den Tag der Bedeckung, so können Sie den Geburtstermin relativ gut voraussagen. Meist verändern trächtige Kaninchen ihr Verhalten. Sie werden aggressiver, gehen auf Artgenossen los und lassen sich auch vom Besitzer nicht mehr so gerne streicheln. Trennen Sie die werdende Mutter von anderen Tieren, denn sie braucht jetzt besonders viel Ruhe. Akzeptieren Sie, daß Ihr Kaninchen im Moment nicht zugänglich für Streicheleinheiten ist, und stellen Sie den Käfig möglichst nicht um.

Geburtsvorbereitungen

Etwa eine Woche vor dem Geburtstermin säubern Sie den Käfig noch einmal und streuen besonders viel Stroh ein. Achten Sie darauf, daß das Häuschen hoch genug ist, daß das Kaninchen darin sitzen kann, denn die Jungen werden im Sitzen gesäugt. Kurz vor der Geburt beginnt die werdende Mutter mit dem Nestbau. Sie häuft Stroh und Einstreumaterial zu einem Haufen und baut ein Nest. Wahrscheinlich rupft sie sich auch Haare an der Wamme und am Bauch aus, um das Nest damit zu polstern. Am Geburtstermin sollten Sie die Kaninchenmama nicht mehr frei laufen lassen, damit sie ihre Kinder nicht „im Galopp verliert".

Die Geburt

Die Geburt findet meist in den frühen Morgenstunden statt und läuft recht schnell ab. Die Jungen sind nackt, blind und hilflos und bleiben für ungefähr drei Wochen im Nest. Die Häsin nabelt die Kin-

Jungtiere im warmen Nest.

Die ersten 8 Lebenswochen

1.–4. Lebenstag

Nackt und blind verlassen die Jungen das Nest nicht. Nur über Tast- und Geruchssinn nehmen sie ihre Umwelt wahr. Obwohl sie nur zweimal am Tag gesäugt werden, verdoppeln sie ihr Geburtsgewicht.

6.–8. Lebenstag

Das Fell beginnt zunächst als feiner Flaum zu sprießen. Es wird aber rasch dichter und läßt dann auch schon die spätere Fellfärbung erkennen.

9.–14. Lebenstag

Die Augen öffnen sich. Die Kaninchen können hören, das Ohrenspiel beginnt, und sie machen erste Krabbelversuche. Das Geburtsgewicht hat sich inzwischen vervierfacht.

2.–3. Lebenswoche

Die kleinen Zwerge zeigen erste typische Verhaltensweisen wie Putzen und Männchenmachen. Sie knabbern am Heu und beginnen, sich neben der Milch auch für das Futter der Mutter zu interessieren. Am Ende der dritten Woche wiegen die Jungen schon sechsmal soviel wie bei der Geburt.

Eine gute Kinderstube ist der beste Start in ein glückliches Leben.

4.–6. Lebenswoche

Nun kommt Leben in die „Bude", die Jungen werden immer neugieriger und fressen regelmäßig. Obwohl die Milch immer weniger wird, versuchen sie noch bei der Mutter zu trinken. Nun kann man auch mit dem ersten Wohnungsfreilauf und der Stubenreinheitserziehung beginnen. Ganz wichtig ist in dieser Phase der Kontakt mit den Menschen, damit aus den Kaninchen keine Angsthasen werden. Sie sollen sich nun an die Stimmen und Berührungen der Menschen gewöhnen. Mit einem kleinen Leckerbissen fällt das gar nicht schwer.

7.–8. Lebenswoche

Die Kaninchen können sich nun ganz selbständig ernähren. Sie wechseln zum ersten Mal ihr Fell. Langsam treten schon erste Rangordnungskämpfe unter den Geschwistern auf, die mit spätestens elf Wochen nach Geschlechtern getrennt werden müssen. Nun ist es auch an der Zeit, die Jungtiere an ihre neuen Besitzer abzugeben.

Kaninchenmama mit Jungen im kuscheligen Nest aus Heu und Flaum.

der selber ab und frißt die Nachgeburt auf. Manche Häsinnen, besonders Erstgebärende, verlassen das Nest und laufen unruhig im Käfig umher. Wenn die Jungen dann außerhalb des Nestes geboren werden, legen sie diese vorsichtig ins Nest. Kaninchen brauchen in der Regel keine Hebamme. Beobachten Sie die Geburt deshalb, ohne einzugreifen. Wenn es ganz offensichtlich Probleme gibt, rufen Sie Ihren Tierarzt an.

Ein Zwergkaninchen bekommt ungefähr vier bis fünf Junge, bei großen Kaninchenrassen kann die Zahl der Nachkommen sogar bis zu acht bis zwölf betragen.

Nach der Geburt sollten Sie die Mutter mit einem Leckerbissen ablenken und vorsichtig nachschauen, ob im Nest alles in Ordnung ist. Dabei achten Sie darauf, ob Nachgeburtsreste oder tote Junge im Nest liegen. Diese müssen Sie sofort entfernen. So traurig es auch ist, aber es kommt immer wieder vor, daß ein Teil der Jungen entweder tot geboren wird oder kurz nach der Geburt stirbt. Kaninchen gehören zu den Tieren, die immer mehrere Nachkommen pro Wurf haben. Bei ihnen sind Verluste durch tot geborene Junge oder sehr frühe Verluste durch Tod oder Freßfeinde quasi einkalkuliert.

Wenn die Mama stirbt

Manchmal kommt es auch vor, daß die Mutter kurz nach der Geburt stirbt. Dann stellt sich die bange Frage: Was passiert mit dem Nachwuchs? Je länger die Kleinen bereits Muttermilch getrunken haben, desto größer ist die Chance, daß sie sich zu gesunden Kaninchen entwickeln. Es hat keinen Zweck zu versuchen, die Jungtiere einer anderen Häsin unterzuschieben. Sie erkennt am Geruch sofort, daß es nicht ihre eigenen Kinder sind und würde die fremden Jungen töten. Kaninchen kennen keine Adoption.

Sie müssen also die Jungen mit der Flasche füttern. Im Zoofachgeschäft oder beim Tierarzt bekommen Sie kleine Nippeltrinkflaschen und spezielles Milchpulver für die Waisen. Obwohl eine Kaninchenmutter nur zweimal pro Tag säugt, sollten die Flaschenkinder viermal täglich gefüttert werden. Dazu nimmt man sie in die Hand, legt sie auf den Rücken – manchmal muß man ihnen vorsichtig das Mäulchen öffnen – und träufelt einige Tropfen lauwarmer Milch auf die Zunge, bis sie von alleine saugen. Nach dem Trinken bekommen sie zur Anregung der Darmtätigkeit das Bäuchlein massiert, die Ausscheidungen entfernen Sie mit einem Taschentuch. Das Nest muß immer sauber bleiben und eine Temperatur von 30 Grad haben, hierfür eventuell eine Wärmflasche unterlegen.

Ab der 3. Lebenswoche können Aufzuchtfutterbrei, Karottensaft oder Haferschleim zugefüttert werden, zusätzlich natürlich Heu und Wasser aus der Nippeltrinkflasche anbieten. Die kritische Phase ist jetzt überstanden.

Hier präsentiert sich eine glückliche Zwergkaninchenfamilie.

Kosmos-Service

Zum Weiterlesen

Bücher
Allgemeines

Beck, Peter: Liebenswerte Zwerg-
kaninchen. Kosmos 1995.
Herrscher, Rüdiger: Mit Zwergkanin-
chen leben. Landbuch Verlag 1998.
Ralston, Beate und Achim Meyer-
Breckwoldt: Zwergkaninchen.
Naturbuch Verlag 1998.
Viner, Bradley: Kaninchen.
Kynos 1998
Wegler, Monika: Zwergkaninchen.
Gräfe und Unzer 1997.

Gesundheit

Berghoff, Peter C.: Kleine Heimtiere
und ihre Erkrankungen. Paul Parey
1989.
Schoen, Dr. med. vet. Allen M. und
Pam Proctor: Mit Tieren fühlen.
Tiere ganzheitlich heilen.
Kosmos 1998.
Schönfelder, Peter und Ingrid: Der
Kosmos-Heilpflanzenführer.
Kosmos 1995.
Tellington-Jones, Linda und Sybil
Taylor: Der neue Weg im Umgang
mit Tieren. Kosmos 1993.

Belletristik

Koch-Gotha, Fritz und Albert
Sixtus: Die Häschenschule. Alfred
Hahn's Verlag 1924.

Hallo Kids!

Diese Kästen sind für Euch.
Hier findet Ihr interessante
Infos rund um Eure Zwerg-
kaninchen. Daß Zaubern gar
kein großer „Hokus Pokus"
ist, verrät der Kasten auf
S. 13. Was Kaninchen sich
wünschen, lest Ihr auf S. 32
und wie sie ganz einfach
richtige Zirkustricks lernen,
steht auf S. 87. Vielleicht

Adams, Richard: Unten am Fluß.
Watership Down. Ullstein 1998.

Zeitschriften

Das Tier. Ehapa-Verlag, Leinfelden-
Echterdingen.
Ein Herz für Tiere. Gong-Verlag,
Nürnberg.
Hamster & Co.. Branchen-Fach-
verlag Ulrich, Alheim.
Heimtier Magazin. Zoofachring,
Pleidelsheim.
Lebendige Tierwelt. Bundesver-
band Praktischer Tierärzte,
Frankfurt/M.
Magazin der Tierfreunde. via
Media Verlagsgesellschaft,
Wiesbaden.
Kaninchen. Zeitschrift für den

wollt Ihr einen „Kaninchenkräutergarten" anlegen –
schaut auf S. 90 nach. Auf
S. 98 wird erklärt, was ein
Rudel ist.
Auf S. 30/31 könnt Ihr außerdem genau sehen, wie eine
Traumvilla für Kaninchen eingerichtet wird und „11mal
Spiel und Spaß"
gibt's auf S. 85.

Kaninchenfreund.
Deutscher Bauern-
verlag, Berlin.

Nützliche Adressen

Vereine

ZDK – Zentralverband
Deutscher Kaninchenzüchter e.V.
  Krefelder Str. 130
  41063 Mönchengladbach
Rassezuchtverband Österreichi-
scher Kleintierzüchter (RÖK)
Geschäftsstelle:
Dr. Lueger-Ring 14/2
A-1010 Wien
Kaninchen:

Franz Sturmberger Negrellistr. 8
A-4053 Haid
Schweizerischer Rassekaninchen-
zucht-Verband
Weißenbühlweg 43
CH-3007 Bern

Gesundheit

Bundes-Tierärztekammer
Oxfordstr. 10
D-53111 Bonn
Deutsche Gesellschaft der
Tierheilpraktiker
Husemannstr. 25-27
D-45879 Gelsenkirchen

Tiersitter

„Nimmst Du mein Tier,
nehm ich Dein Tier"
Deutscher Tierschutz-
bund e.V.
Baumschul-
allee 15
D-53115 Bonn

Tierschutzorganisationen

Deutscher Tierschutzbund e.V.
Baumschulallee 15
D-53115 Bonn
Zentralverband Österreichischer
Tierschutzvereine
Khleslplatz 6
A-1120 Wien
Schweizerischer Tierschutz STS
An der Birsfelder Str. 45
CH-4052 Basel

Haustierregister

IFTA Internationale Zentrale Tier-
Registrierung
Weiherstr. 8
D-88145 Hergatz

Register

Danksagung

Autorin und Verlag bedanken sich bei den Kosmos-Expertinnen Frau Dr. med. vet. Barbara Rakow, Frau Gisela Kraa und Frau Linda Tellington-Jones für ihre Hinweise zu „Homöopathie", „Bach-Blüten" bzw. „TTouch". Herzlichen Dank der Firma Kölle Zoo, Stuttgart, für die Bereitstellung der „Fotomodelle" und des Zubehörs für die Aufnahmen von Christof Salata. Der Abdruck des Bildes auf S. 10 („Die Häschenschule") erfolgte mit freundlicher Genehmigung des Alfred Hahn's Verlages, Postfach 10 03 25, 73703 Esslingen.

Bildnachweis

Mit 150 Farbfotos von:
Toni Angermayer (4: S. 6 beide, 7, 97);
Juniors Bildarchiv (7: Schanz S. 18o,
29, 49, 80/81; Steimer S. 24, 57; Weg-
ner S. 25); Regina Kuhn (26: 1x Inhalt,
S. 4, 5, 13, 14, 22, 27, 34u, 44, 47u,
50/51, 54u, 61, 62/63, 67, 74, 84/85
alle, 86, 94/95, 106, 108, 111, 127);
Marion u. Hans Kuczka (1: S. 15u);
Werner u. Kerstin Layer (1: S. 117u);
Helga Ostermann (2: S. 20 beide);
Manfred Pforr (1: Inhalt); Reinhard
Tierfoto (9: S. 15o, 56, 93u, 96, 98/99,
107, 116, 118, 119); Ralf Roppelt –
Sahara Werbeagentur/Kosmos
(9: S. 42ol, or, oben Mitte, 46/47o, 69,
76, 110); Christof Salata/Kosmos (49:
5x vordere Klappe, Lexikon or, S. 1, 8,
10, 12, 19 Mitte, 21, 30 beide, 31 alle,
32 alle, 33, 35, 37, 39u, 42/43u, 46u,
52/53, 59, 68, 77, 82, 83, 87, 88,
90/91, 100/101 alle, 102 alle, 103,
112/113, 121, 123, 125, 128); Ulrike
Schanz (40: 3x Inhalt, Lexikon l beide,
ur, S. 2/3, 11, 16/17, 18u, 19o, u, 26,
28 beide, 34o, 38, 39o, 40 alle, 41 alle,
45, 48, 54o, 55, 60, 64, 65, 71, 78/79,
89, 93o, 105, 109, 114, 115, 117o,
124); Edgar Schöpal (1: S. 75)

Mit 4 Farbillustrationen von Gisela
Dürr (2: S. 9, 62); Marianne Golte-
Bechtle (1: S.72/73); Milada Kraut-
mann (1: S.75o)

Tierpass für meine Zwergkaninchen

Name

Geb-Dat.   Geschlecht

gekauft am / bei

Rasse

Farbe

bes. Merkmale

Erkrankungen

Wichtige Adressen

Zoofachhandlung

_____

_____

_____

Tierarzt _____

_____

_____

Verein _____

_____

Notdienst _____

_____

_____

Extra

Das Zwergkaninchen-Wohlfühl-Programm

Die Traumvilla
- ○ Käfig mindestens 90 x 50 x 45 cm mit verzinktem Metallgitter
- ○ an einem hellen, ruhigen und zugfreien Standort
- ○ standfester Futternapf
- ○ Heuraufe
- ○ Nippeltrinkflasche
- ○ Schlafhäuschen
- ○ Einstreu (Strohpellets oder Nagerspäne)

Das Fit for Fun-Paket
- ○ Toben auf dem Fitneß-Parcours
- ○ Abwechslung und Spaß mit „Klettermaxe", „Schatzsuche", „Möhrendieb" & Co.
- ○ Grüne Leckereien aus dem „Kaninchenkräutergarten"
- ○ Kämmen oder Bürsten – eine wohltuende Massage
- ○ Streicheln und Schmusen für die Seele

Die tägliche Versorgung
- ○ Füttern: viel frisches Heu zur freien Verfügung, 3–4 Eßlöffel Fertigfutter, dazu etwas Frischfutter, Gemüse oder Obst (auf 2 bis 3 Mahlzeiten verteilt)
- ○ Nippelflasche mit frischem Wasser füllen
- ○ Äste und Zweige zum Benagen geben
- ○ Futter- und Wassergefäße reinigen

Der regelmäßige Gesundheits-Check
- ○ Augen und Ohren sollen ohne Ausfluß oder Verkrustungen sein
- ○ Das Fell ist glatt und glänzend
- ○ Die Afterregion ist sauber, die Perianaltaschen sind nicht verklebt

- ○ Die Krallen sind nicht zu lang oder werden nötigenfalls gekürzt
- ○ Die Schneidezähne stehen aufeinander, das Kaninchen hat keine Probleme beim Fressen
- ○ Wiegen: Ein durchschnittlicher Zwerg bringt etwa 1 bis 1,5 kg auf die Waage

Die nötige Hygiene
- ○ zweimal wöchentlich die Toilettenecke säubern und frische Streu nachfüllen
- ○ einmal wöchentlich die gesamte Streu austauschen, den Käfigboden abduschen
- ○ einmal im Monat Futter- und Wassergefäße mit Essigwasser abwaschen
- ○ kaputtes Zubehör wenn nötig ersetzen

Impressum

Umschlaggestaltung von Atelier Reichert, Stuttgart, unter Verwendung von 3 Farbaufnahmen von Regina Kuhn (U1) und Christof Salata / Kosmos (U4 und Rücken)

Mit 150 Farbfotos und 4 Farbillustrationen

Die Deutsche Bibliothek – CIP-Einheitsaufnahme

Warrlich, Anne:
Meine Zwergkaninchen : [rund um das Tier, gut versorgt, natürlich gesund, Spiel und Spaß, Verhalten verstehen] / Anne Warrlich. – Stuttgart : Kosmos, 1999
    (Kosmos-Rat)
    ISBN 3-440-07768-3

© 1999, Franckh-Kosmos Verlags-GmbH & Co., Stuttgart
Alle Rechte vorbehalten
ISBN 3-440-07768-3
Lektorat und Bildredaktion: Claudia Sträb,
Ute-Kristin Schmalfuß,
Grundlayout: Atelier Reichert, Stuttgart
Gestaltung: Gisela Dürr, München
Satz: Atelier Krohmer,
Dettingen/Erms
Printed in Germany / Imprimé
en Allemagne
Druck und Buchbinder:
Westermann Druck
Zwickau GmbH,
Zwickau

Bitte beachten

Alle Angaben in diesem Buch sind sorgfältig geprüft und geben den neuesten Wissensstand bei der Veröffentlichung wieder. Da sich das Wissen aber laufend weiterentwickelt und vergrößert, muß jeder Anwender selbst prüfen, ob die Angaben nicht durch neuere Erkenntnisse überholt sind. Dazu muß er z. B. bei Behandlungsvorschlägen den Tierarzt konsultieren, Beipackzettel zu Medikamenten lesen, Gebrauchsanweisungen und Gesetze befolgen.

Kleines Zwergkaninchen-Lexikon

Analdrüsen

Kaninchen kommunizieren über Duftmarken miteinander. Seitlich des Afters haben sie Duftdrüsen, die den Kot mit einem speziellen Geruch überziehen. Da Kaninchen ihr Revier mit dem Kot markieren, ist das Sekret der Analdrüsen das persönliche Parfüm der Kaninchen. Andere Kaninchen können erkennen, um wessen Kot es sich handelt.

Blinddarmkot

Kleine zusammenhängende, meist etwas klebrige Kotkügelchen, die selten im Käfig zu finden sind. Der Blinddarmkot wird von den Kaninchen aufgefressen und ist wichtig für die Versorgung mit Vitamin B.

Blume

Die Afterregion bei den Kaninchen wird von den Jägern als Blume bezeichnet.

Dominanz

Da Zwergkaninchen Rudeltiere sind, gibt es im Rudel ein oder mehrere dominante Tiere. Sie sind die „Chefs" im Rudel. Oft sind es die größten Tiere. Es muß sich beim dominanten Tier nicht immer um einen Rammler handeln. Auch Häsinnen können dominant sein.

Farbzwerge

Alle Zwergkaninchen mit einem farbigen Fell werden als Farbzwerge bezeichnet. Sie entsprechen im Körperbau dem Hermelinkaninchen. Es gibt sie mit kurzem oder langem Haar.

Geschlechtsreife

Kaninchen werden im Alter von drei bis vier Monaten geschlechtsreif. Das heißt, ab diesem Alter können sie sich paaren und Nachwuchs zeugen.

Häsin

Bezeichnung für weibliche Kaninchen, auch wenn ein Kaninchen kein Hase ist.

Kastration

Bei der Kastration werden die Geschlechtsdrüsen entfernt. Beim Rammler die Hoden, bei der Häsin die Eierstöcke. Meist werden die Rammler kastriert, da der Eingriff einfacher und billiger ist als beim weiblichen Tier. Die Rammler werden dadurch etwas ruhiger und weniger dominant.

Kinndrüsen

Unter dem Kinn des Kaninchens sitzen Drüsen, die Duftstoffe produzieren. Um in seinem Revier Duftmarken zu setzen, reibt es mit dem Kinn an allen möglichen Gegenständen entlang.

Lauscher

Bezeichnung für die Ohren des Kaninchens in der Jägersprache

Losung

Der Kot der Kaninchen wird von den Jägern als Losung bezeichnet.

Nesthocker

Sind die Jungtiere unreif und hilflos bei der Geburt, bezeichnet man sie